日本経済予言の書

2020年代、不安な未来の読み解き方

Takahiro Suzuki
鈴木　貴博

PHP
Business Shinsho

PHPビジネス新書

はじめに

いよいよ来るべきものが来る10年間。２０２０年代はこれまで叫ばれてきたさまざまな危機が現実化し、7つのショックが起きることによって「日本が壊れる10年間」と後に呼ばれる時代になるでしょう。この本は、私の専門分野である日本経済についてコロナ以降の近未来を予言するレポートです。

私は経営戦略コンサルタントです。そして私の顧客である大企業経営者にとって未来予測は生命線です。安定した経済と未来への期待が思わぬ事態に直面して暗転するようなネガティブサプライズは極力避けたい、と経営者は考えています。

今この原稿を書いているタイミングでは、２０２０年2月に中国・武漢市から世界に広がった新型コロナウイルスの感染拡大が世界中を震撼《しんかん》させています。感染者の増加と地域的拡大に伴い、世界規模で経済と消費が停滞し始めました。

２０２０年は、日本経済にとって東京五輪景気が牽引《けんいん》する経済拡大の期待の年でした。

五輪のもたらす経済効果は30兆円と見積もられていました。その効果の半分は五輪に関連したインフラ投資がもたらすものですからすでに半ば実現済みなのですが、問題は五輪開催を通じて得られるはずの2兆円の直接的効果と14兆円の訪日外国人観光客消費が滞ることです。

この景気への期待がコロナウイルスで水を差されました。世界的にも2020年の消費停滞は決定的です。

順調な経済を期待して投資をしてきた企業経営者にとっては、事業計画が狂い資金繰りが暗転するサプライズな事態が起きています。

コロナは本当にサプライズだったのか？

では、このコロナウイルスというサプライズは予測できなかったのでしょうか。

昨年5月、世界的なプライベートエクイティ（投資ファンド）であるカーライル・グループの創業者デビッド・ルーベンスタイン氏が来日しました。彼は「今の好調な金融市場にとってサプライズな事態とは何か」という趣旨の質問に、「軍事衝突リスク」「政府債務問題」そして「世界的なパンデミック」だと答えています。

カーライルは全体で20兆円規模の運用資産を保有するグローバルな投資会社です。私もルーベンスタイン氏からは学ばせていただいた立場ですが、昨年の段階でパンデミックに対する注意を喚起していたのはさすがだと言うべきです。

ただこれは、実は未来予測の専門家ならば当然備えておくべき視点だとも言えます。

これまで２００３年のＳＡＲＳ、２００９年のインフルエンザ、２０１２年のＭＥＲＳといった具合に、ウイルスの進化による新型感染症の出現は何度も経済危機を起こしかけていました。ウイルスの進化は時期は不確定でも確実に起きるリスク要因です。

カーライルは長期投資を前提にした投資ファンドですから、長期の不安要因については注意を払い、それが起きたときの対策シナリオを準備している。パンデミックが現実になった今では、「このタイミングにジャパンを地震災害が襲ったらどうなるか？」ぐらいまで考えているはずです。私たちも同じように、未来のリスクを知っておき、それに備える必要があるということです。

私は経済の未来予測の専門家です。30年以上前にアメリカのコンサルティングファームに就職して、最初のトレーニングで未来予測の手法を叩き込まれました。

「きみたちは大企業経営者の指南役の役割をプロとして果たさなければならない。経営者にとっては事業計画が重要であり、その前提となる未来予測が外れたら、利益がふっとぶだけではなく投資が不良資産化して企業自体が大きく傾く事態になる。それを避けるための手法をきちんと学ばなければいけない」

そう教えられて、ボストンの研修施設に缶詰めになる中でさまざまな考え方を教えられた経験が、私の戦略コンサルタント人生の始まりでした。

本書は私が30年間で身につけた未来予測の技術を駆使して、日本の2020年代に起きることを予測した集大成のレポートです。

どんなサプライズも5年前にはその芽が出現している

では、その前提になる未来を予測するテクニックとはどのようなものでしょうか。

大企業の経営者なら誰もが経験するように、事業戦略は必ずと言っていいほど〝サプライズ〟な出来事によって見直しを余儀なくされます。

「想定していなかった規模の気候災害が発生し、サプライチェーンが直撃を受けた」

「まさか世界的な経済危機が起きるとは想定していなかった」

「スマホがこんなところまで消費者行動を変えるとは」

「アメリカの保護主義がここまで強まるとは予測していなかった」

これらはみな、過去20年間に世界の経済を直撃したサプライズの一例です。

サプライズが起きるたびに経営者は嘆き、企業は打撃を受けます。しかしコンサルティングファームで教わったのは、そのようなサプライズが予測できていないのであればコンサルタントとしては失格だということでした。

コンサルティングファームでは「どのようなサプライズも、それが起きる5年前の段階でその芽がすでに出現している」と教えます。

2010年代に繰り返し日本列島を襲った集中豪雨や巨大台風の被害は、その10年前から地球シミュレータによってそのような事態の出現に警鐘が鳴らされていました。

2008年のリーマンショックにしても、行き過ぎた金融商品が金融システムを壊すリスクについては90年代から議論されていましたし、サブプライムローンがいずれ破綻《はたん》するということも想定されており、一部の金融関係者がそのことに目をつけて逆張り投資をして大儲けしたことが知られています。

そしてリーマンショック以後、アメリカで富の格差が広がり、その結果アメリカ社会が分断されるという社会問題が発生しました。そしてトランプ政権が誕生し、アメリカの保護主義が本格化します。

スマートフォンが消費者行動を変えたことは言うまでもないでしょう。しかしスマホが台頭し始めた当初は、ビジネスバッグの業界はスマホの影響でリュックサックに需要を奪われるとは考えていなかったようです。また明治のカール、森永のチョコフレークといったスナックが指先が汚れるという理由で売れなくなり、全国販売終了になるとも考えていなかった。

つまりサプライズな変化は突然起きるものではなく、すでにその芽とも言える状況は誰にも見える形で目の前に存在しているのです。

そして過去30年間に起きてきたさまざまなサプライズを考え、その過程で東芝や日産が転落し、ダイエーや日本航空が経営破綻し、東電の原発が取り返しのつかない事故を起こすといった出来事があったという前提で過去を振り返ってみることが重要です。

2020年代に日本を襲う7つのショック

コロナショックについてはこれまでも繰り返し小規模なパンデミックが起きていました。ですから一部の経営者は未来予測シナリオとしてそれに備えていた。一方で大半の経営者はそれを見落としていたために、コロナショックにより業績や事業計画の大幅な修正を余儀なくされました。

コロナショックは、スペイン風邪やチフス、中世の黒死病など過去のパンデミックまでさかのぼって考えても、歴史に残るサプライズだと思います。しかし、私たちの目の前にある変化の種はそれだけではありません。

２０２０年代にはこれから新たに7つのショックが到来します。それは、

●アフターコロナショック
●トヨタショック
●気候災害ショック
●アマゾンエフェクト

●人口ピラミッドの崩壊
●ポピュリズムショック
●デジタルチャイナショック
　という7つの変化です。そしてそれぞれの変化は日本経済や日本社会に甚大な影響を与えます。

　具体的にはコロナは2020年の夏からは経済問題へと性格を変えます。それとは別の原因でトヨタがこれからの10年間で衰退していくこと、巨大台風だけでなく熱波や熱帯性伝染病など新しいタイプの気候災害が日本を襲うこと、アメリカ同様に日本でも大規模小売チェーンが次々と閉店していくことなどのショックが予測されます。

　日本社会では人口ピラミッドが崩落する中で「高齢者が働かなければいけない社会」「増加する移民」「人工知能」への不満が高まり、縮小する経済の中で2020年代中盤にはふたたび政権交代の機運が高まるでしょう。

あえて〝予言〟という言葉を使う理由

本書では2020年代に日本経済に起きる現象についての〝予言〟を試みます。読者のみなさんはなぜここで〝予言〟という言葉を使うのか怪訝《けげん》に思われるかもしれません。予言という言葉には非科学的で不吉なイメージが伴います。

しかし科学や経済の世界でも予言という言葉は使われています。一連の事実から将来、そのようなことが発見される、ないしは起きることが予測以上の高確率で言える場合に〝予言〟という言葉が使われるのです。

みなさんがご存じの例を挙げると、元素の周期律を発見したメンデレーエフは、まだ発見されていない元素の存在を予言し、それらの元素は周期律表の空欄を埋めるように次々と発見されていきました。

1846年8月にフランスの天文学者ルヴェリエが、天王星の軌道がニュートン力学から導かれる予測とずれていることから、海王星の存在を予言しました。そのルヴェリエからの手紙を受け取ったドイツの天文学者ガレは、1か月後に予言通りの位置に海王星を発見したのです。

こちらはみなさんご存じではないかもしれませんが、現代天文学でもカイパーベルト天体の不可解な軌道から、太陽系第九惑星の存在が予言されています。大きさは海王星並みの惑星ながら太陽系からあまりに遠い位置にあり、その存在可能範囲も広いため発見するまでに時間がかかる。この新惑星がおそらく2025年までには発見されるだろうと予言されています。

本書ではさまざまな未来予測の手法をご紹介する中で、それらの予測の中でもみなさんの未来にとって重要で、かつ高い確率でそれが起きると確信していることを〝予言〟として紹介します。

予測された未来は変えることができる

本書を読み進めていただければ、いかに2020年代が日本にとっての大きな転換点なのかがご理解いただけるはずです。

日本経済は長らく「ゆでガエル」の状態にあると言われています。カエルは熱いお湯に入れると驚いて逃げ出します。しかしゆっくりと温度が上がる状況だと、動かずにゆであがってしまうという、よく知られたたとえです。

過去30年間ずっと、私たち日本人が今年や来年といった少し先を考えて「こうすれば少し良くなる」「あのようにすれば改善する」と行動しているうちに、日本経済は世界の成長から大きく遅れてきました。まだ日本人の多くはその深刻さに気づいていませんが、日本はすでに中国には追いつくことができないほど距離をあけられてしまっています。

だからこそみなさんが今、目にすべきは10年後の「熱いお湯」を描いたレポートであるべきです。それを目にすることで、カエルはゆであがらずにお湯から飛び出すことができるかもしれません。

そしてこのレポートが描く「日本が壊れる10年間」についての予測が結果として外れれば、日本は壊れずにすむかもしれません。

予測された未来は変えることができる。それは確度の高い〝予言〟ですらそう言えます。その観点で、本書の最後の章では、トヨタを衰退させない方法を含めて「変えられる未来」についても提言することにしました。

私たちの意思や行動が変われば、未来も変わる。壊れる定めも止めることができるはずだ。その意識で本書を手に取っていただきたいと思います。

日本経済　予言の書　目次

第1章　コロナショックでこれから何が起きるか

第2章 なぜトヨタは衰退するのか

第3章 気候災害の未来はどう予測されているのか

第4章 アマゾンエフェクトが日本の流通を破壊する日

第5章　確実に起きる人口問題の不確実な解決方法

第6章 半グレ化する大企業とアイヒマン化する官僚たち

第7章 日本崩壊を止めるには

本書は『ＴＨＥ21』２０２０年2月号～7月号連載の「地下クイズ王流『未来予測力』の磨き方」を元に、大幅に加筆・修正の上、１冊にまとめたものです。

第1章

コロナショックでこれから何が起きるか

コロナショックについて予測可能なこと

人類の現時点での最大関心事は、２０２０年に発生した新型コロナウイルスが経済、生活、社会にどのような影響を及ぼすかです。

この章ではコロナショックについて、私のような未来予測の専門家がどのような手法で未来を予測するのかを説明しながら、これから何が起きるのかについて説明しようと思います。

とはいえ、コロナショックは現在進行形の混乱で、かつ、この原稿の執筆時点では緊急事態宣言が出された直後で、まだ情報が少ない。これから世界の死者が何人に増えるかについてすら予測がつかない状況です。

「だとしたら予測の意味などないのではないか？」

と考える方もいらっしゃると思いますが、実はそうでもありません。この章でお伝えする予測レポートは、予測技術をもとに考えると以下のような前提でみなさんの役に立つはずです。

①どれくらいの規模の被害になるかは予測がぶれる可能性があるが、どういうことが起きるかは予測しやすい。
②どの業種でどのような被害が起きるかは比較的明確に指摘できる。
③新しく見えてきたリスクの芽については未来に警鐘を鳴らすことができる。それが予測不能な要因だった場合でも、どのようなリスクに気をつけなければいけないかは指摘できる。

まず、医学的にどれくらいの規模の被害になるか予測がずれるのは、まだ新型コロナウイルスのリスク要因が医学的にもはっきりしていないからです。

感染の広がり方についてはアメリカ、イタリア、スペイン、中国などの事例からそのスピードや特徴はわかりますが、このレポートを書いている4月中旬の段階でも、これから先、冬までを視野に入れた場合の日本の被害規模がどれくらいになるか予測がつきません。疫学的にはリスクはわかっていても、社会学的に人間がどう行動するかの予測がつかないからです。

日本での感染スピードが欧米と比べてなぜ遅いのかもわかっていません。対策がうまくいっているからという要素もありますが、パンデミックが先行した中国、韓国でも人口当たりの感染者数を欧米よりも一桁ないしは二桁小さく抑えられていることから、アジアからオセアニアにかけての何らかの集団免疫ができていた可能性も指摘されています。それがなぜなのか、ＢＣＧ接種の株にコロナの抗体との関係があるのではないかという説もありますが、医学的には解明はされていません。

楽観的な可能性として、日本人の多くがすでに新型コロナの抗体を持っている可能性はありえます。未知のウイルスであっても、過去日本で流行した別のウイルスの抗体が効いている可能性もありうる。今後、経済自粛をいつまで続けるかを判断するにあたって広範囲な抗体検査が実施されると思います。抗体を持つ人の割合が想定以上に多ければ、比較的早く経済自粛解除ムードが定着するかもしれません。しかしそうでない場合は、コロナへの警戒は長く続くことになります。

このように今後の感染拡大についての予測が難しい一方で、リスクの上限についてはある程度の推論ができます。新型コロナの一番恐ろしいところは私たちの命に関わる問題だということです。そもそも、暫定的に報告されている致死率が感染者の中の１・４％から

3・4％程度（医療崩壊がない場合の医学論文の推定値）と非常に高い。健康だった人がわずか2週間で亡くなってしまう病気です。アメリカやイタリアでは4月中旬時点で死者も2万人を超え、特に医療崩壊が起きているイタリアでは致死率が10％を超えています。

驚くべき被害ではありますが、冷静に捉えるとイタリアの人口が6000万人ですから生き残っている人のほうが多い。これはウイルスの側の生存戦略を考えると生物学的には当然のことで、寄生する人間の宿主が死んでしまってはウイルスは生存できないのです。

そのため、コロナが終息する際には生き延びる人のほうがはるかに多数派であることは推論から断定できます。つまり、大半の人類にとってのコロナショックは生死のリスク以上に、経済のリスクであることが予言できるのです。

新型コロナの統計的特徴

コロナウイルスは夏場になるといったん流行が収まる可能性がある、という話があります。一方で医学者の間では、南半球の各国にも感染が広まっていることから夏場収束説は気休めに過ぎないという意見もあります。ここはどう考えるべきなのでしょう。

私は経済の専門家ですが、統計分析についてはプロなので、その観点からコロナの特徴を分析することができます。そうすることで、なぜ医学者の間で意見が分かれるのかも少しわかります。

実際のデータを見てみると南半球の夏の国々では感染者の数は増えていますが、統計データを眺めて気づくこととして死者の数が北半球と比べて有意に少ない傾向にあります。被害について感染者数で見るか死者数で見るかで意見が分かれるようです。

人口100万人あたりの死者数を4月15日時点で比較してみると、スペインが397人、イタリアが348人、フランスが241人、人口の多いアメリカでは急激に増加中ではありますがこの時点でまだ79人という水準です。一方で南半球の感染国では、ブラジルが人口100万人あたり7人、チリが5人、オーストラリアが2人やニュージーランドが2人という具合で、明らかに死者数は少ないのです。

ちなみに、日本は同じ時点では100万人あたりの死者は1人です。日本の医療現場は優秀で、ここまでよく頑張っていると思います。

人類の多くに抗体のない新型ウイルスなので夏の南半球でも感染は広まっているようですが、このように南半球については夏の死者数は少ない傾向があることが統計的には有意に確認できる。そこから統計的には、「このウイルスは夏場は感染しても死に至るほどの重症化は引き起こしづらいのではないか」と推測することができます。

「コロナは夏は勢力が弱くなる。ただクーラーのきいている部屋で過ごしている持病のある高齢者などは南半球でも重症化するので、死亡者はゼロにはならない」といったことが起きているのではないか、という仮説は成り立ちます。

そしてその前提がもし正しければ、夏になれば北半球ではいったん死者数は収まる可能性がある一方で、南半球での感染重症者はこの夏（南半球では冬）に大きく増える可能性があります。

（追記：4月30日、ブラジルの死者は100万人あたり24人に急増し始めました。同日時点で日本の死者数は100万人あたり3人です）

コロナの一番怖い予言とは？

もし7月に入り、日本での感染者数が落ち着いて死者も目に見えて減少していた場合でも、南半球に注目してください。そのときオーストラリアやアルゼンチン、南アフリカは、日本でいえば1月頃の季節になります。そのときにもし先ほど提示した人口100万人あたりの死者数が南半球で三桁に増加していたとしたら、これからお話しする予言が現実味を帯びてきます。

たとえ欧米でコロナの患者数が減少し始めても、南北でのグローバルな人の移動は制限されるでしょう。そして北半球の死者の増加が仮に夏場で収まったとしても、水面下で感染は続いていく可能性があります。そうなると2020年の秋以降に再流行が起きる可能性は十分にあると考えたほうがいい。予言としては、新型コロナの再流行で先進国の主要都市は2021年もふたたび緊急事態を迎えるはずです。

過去最悪のパンデミックで1918年の最初の流行で25万人の日本人が死んだスペイン風邪でも、翌年の再流行で12万人の死者を出しています。免疫も治療薬もない病気の再流行ではどうしてもそうなります。

コロナウイルスのワクチンや治療薬が開発されていますが、その完成や量産体制が整うまでの時間も18か月ぐらいかかる。これは医学的な知識のない私にも製薬企業のコンサルティング経験から十分理解できることです。

そのことを考えると、もし今年の冬にふたたび流行が起きた場合は、治療法がないため同じような都市のロックダウン（都市封鎖）や緊急事態宣言による自粛が必要となるでしょう。そして11月頃から再流行が起きたとしたら、同じ対策を行えば経済的打撃は7か月に及びます。

そのため、世界各国で経済打撃と疫病の被害の折り合いをどうつけるかが大きな悩みの種になるでしょう。コロナショックはこの治療法が無いという制約から、2021年までの2年間続く災厄だと予言されるのです。

このような主張は行政も専門家会議も口には出しません。科学的な裏付けが不十分なうえに、国民が不安に感じるからです。しかし、私のように経済に関する仕事をしている人間は、「そうなる可能性がある」未来に関しては備えるべきだと考えて行動します。

「もし今年の夏に日本のコロナが収束しても、南半球で逆にコロナが猛威をふるい始めたら」という前提で、「その場合、コロナは2021年にも流行する」ことが予測されるのであれば、民間企業はそのリスクに備える必要が出てくるのです。

予言として一番重要なことは、「もし冬に再流行があるとしたら、日本企業にとって2020年のビジネスチャンスは7月から10月までの正味4か月間しかない」こと。そしてその後の再流行が11月から翌5月まで最大7か月起きるということ。これが一番大切な予言です。

今、多くの事業者が「なんとかコロナの自粛が終わるまで頑張ろう」と考えています。しかし怖ろしいことに、コロナが明けたあとのチャンスは想像以上に短く、その後の打撃も想像以上に厳しいかもしれないのです。

ですから、日本の緊急事態宣言が明けたときには、南半球の国々の感染状況や死者数に注意を払うべきです。ブラジルの状況は欧米に、オーストラリアの状況はアジアの参考になる可能性があります。そしてその状況次第では、4か月間で稼げるだけ稼ぐこと、加えて11月からふたたび営業休止に陥ったとしてもそこから半年以上持ちこたえられる財務的な準備をしておくことなどの戦略の用意が必要なのです。

コロナ長期化に伴って予言できること

さて、本書の発売時期までに、日本のコロナは医学的な被害としては欧米と比較してそれほど大きくはない形でいったん収束に向かっていることでしょう。ただ私は医学の専門家ではないので、感染の収束についての細かな予測は致しません。代わりに、この秋以降に予想される再流行での経済的なリスクについて、詳しく考えたいと思います。

世界で5000万人が亡くなったといわれる20世紀のスペイン風邪でも、日本の死者数は38万人でした。政府の専門家会議は今回のコロナについて、「対策がなければ最悪42万人以上が死亡」と予測していました。

ただ対策は進み、経験も積まれましたから、仮にこの冬の再流行で日本でも残念な形で本格的な医療崩壊が起きたとしても、つまりリスクを最大限まで大きく見積もっても、新型コロナの死者数が20万人を超えることはないとも想定できます。この想定は、さきほどお話しした「ウイルスの生存戦略として、宿主を殺しすぎるとウイルスも生存できない」という原理から置いた前提です。

その前提通りなら、日本人5000人のうち4999人以上は新型コロナから生き延びることになる。だとすれば、繰り返しになりますが、大半の日本人にとって本当のリスクは命のリスクよりも経済のリスクだと予言できます。

そして社会や経済にどういうことが起きるかは、経済の専門家には疫学的な未来予測と違い現実的に見通せます。日本を含め世界中で外出が制限され、経済が止まっています。これが数か月続くと世界経済でどのようなことが起きるかは容易に概算できます。もちろん誤差は出ると思われますが、日本経済に何が起きるのかは予言できるということです。

コロナショックが長期化するという予言が当たれば、業種毎に経済に関する影響の違いを予測することが可能です。たとえばコロナショックの場合、先に起きたのが各国の水際対策で、その結果真っ先に顧客が減ったのが航空業界です。国際線はその国で感染が止まっても相手国が収まるまでは再開できません。業種として顧客減が一番長期にわたることが自明で、かつコスト構造を考慮すればどのように打撃を受けるのかは予測できます。

同じことが観光業界、飲食業界にも言えますし、グローバルなサプライチェーンに異変が起きる製造業のような複雑な業種についても何が起きるのかについてなら予測することができるわけです。

日本経済をダイレクトに襲う「東京五輪中止リスク」

さらに、コロナショックでの社会の変化から見えてきた新しいリスクも指摘することができます。この後で詳しくお話ししますが、そのリスクの具体例のひとつとして世界各国で「分断」が大きな問題になり始めています。

「伝染病は等しくすべての国民に試練を与える」という人もいますが、それは医学的な側面での話です。経済的な側面では緊急事態宣言時点ですでに厳しい経済状況に追い込まれているフリーターたちもいれば、生活の前提条件がさほど変わらない公務員や年金生活者もいるわけです。

政府は民間企業に「7割のテレワークの実現を」と言いながら、国会も霞が関もテレワークの導入は不完全なままです。むしろデジタルトランスフォーメーションによる生産性向上のやり方もわからない収入の安定した人たちが役所の中で「密」で仕事を続ける一方で、不安定な民間にカイゼンを押しつけている構図があります。

収入がたいして減少しない官僚と政治家が決める自粛方針で、収入が途絶える民間人が増加している。そういった立場と状況の違いが、先が見えない不透明感を背景に怒りへと変わり始めています。

そして為政者と国民、若者と老人、子どもをかかえて仕事をする人とそうでない人など、立場の違うさまざまな人たちを少しずつ分断し始めています。そのことによる社会の変化は、コロナショックからの社会の回復時に別の問題を引き起こすでしょう。

今年の秋以降に起きる可能性がある再流行の規模が、今起きているパンデミックよりも大きかった場合の経済的な影響は大きいでしょう。ウイルスが突然変異するリスクも想定しておく必要があるかもしれません。

最悪の場合、日本経済をダイレクトに襲うのがオリンピック中止リスクです。2021年7月23日に延期された東京五輪ですが、1年後も仮に新型コロナが現在以上の猛威を振るっていた場合、IOCがどう決断するかは不確実です。夏なので日本ではコロナが収束していたとして、南半球の選手団を各国が受け入れたいと思うかどうかという問題も出てきます。

このように確かにコロナショックの先行きは不透明です。インターネットの黎明期やリーマンショックの進行中の経済予測が難しかったように、最終的にどれくらいの規模の被害になるかはまだわからない。

エコノミストのコンセンサスとしては、最低限でもリーマンショック級の経済被害になるだろうということは言えそうです。しかもその被害は悪いほうに上振れする可能性があります。

この先、どのようなことがどこで起きて、私たちはどのようなリスクに気をつけなければいけないかを、以下で一緒に見ていきたいと思います。

未来予測の手法とは？

では、具体的にどのように未来予測をするのかについてお話ししましょう。

私のような経済の専門家が未来予測をする際には、次のような4段階のステップで情報を収集、分析します。

①起きている現象について情報収集し、影響の範囲を考察する。
②想定できないリスクは何か？　要因を挙げ、それぞれのリスクを見積もる。
③過去の類似現象と似ていること、繰り返す歴史を考察する。
④構造的に過去とは前提が変わるもの、新しい変化は何かを考察する。

この順番でコロナショックについて考察を進めていきましょう。

新型コロナウイルスについての陣頭指揮をとっている日本政府の専門家会議によれば、

今回のウイルスは生存戦略的に過去のＳＡＲＳなどよりも巧妙に人類に蔓延しているといいます。

ＳＡＲＳは新型コロナよりも強いウイルスで、感染するとその感染者の大半が重症化し、死亡率も高かった。一方で、感染した人が重症化するということは人類から見れば感染者が判明しやすく隔離もしやすい。ですからＳＡＲＳのパンデミックは重大な危機であったけれど、疫学的な感染封じ込めは比較論としては容易だったわけです。

一方で、新型コロナウイルスがウイルスの側の生存戦略として有利なことは、感染しても無自覚な人や軽症者が非常に多いということです。結果として、そういった人たちを通じて社会にウイルスが蔓延しやすい。ひとりで何人もの濃厚接触者に感染を引き起こす「スーパースプレッダー」となる人が存在するために、パンデミックになりやすいウイルスなのです。

その結果、感染者の約２割が重症化して、１・４〜３・４％程度の致死率におよぶ。人類は感染の広がりを抑え込まなければいけない。そのための抜本的な対策としては、ニューヨークやパリで行われているような都市のロックダウンしかないわけです。

そしてコロナの影響範囲を経済活動に定めた場合、ロックダウンの期間（日本の場合は自粛期間）とその範囲をもとに影響を考察することができます。

まずはこのロックダウンに着目して、その経済への影響を予測してみることにしたいと思います。

ロックダウンの効果と経済的影響はどれくらいなのか？

都市や国のロックダウンとしては、共産党の一党独裁で強権を発動しやすい中国が世界で真っ先に動きました。1月23日に武漢市の交通を完全に遮断し、国全体で1月24日から始まる春節（中国の旧正月）での移動の制限を推し進め、訪日外国人客もストップしました。

北京、上海などの大都市でも、街から人の姿が完全に消えます。軍や警察による罰則を伴う完全封鎖が徹底されたことで、世界で最初のパンデミックが起きた中国では感染者8万人、死者3300人の規模に至った段階で感染が抑えられ、世界で一番早く新規感染者数が減少に転じます。

そして武漢市は4月8日にロックダウンが解除されました。計算してみると、ロックダウン解除までに76日、約2か月半かかったことがわかります。中国全土でも都市封鎖は徐々に緩和され、社会も経済も徐々に元に戻ろうとしている状況です。

中国政府が行ったことは結果的に日本の専門家会議の4月時点の提言とまったく同じ、国民の接触を8割以上削減することを1か月以上続けることでした。違いとしては武力も含め強制的に封鎖を実行したことです。

接触がなければ感染者のウイルスは他の人には感染しないまま、体内で自然治癒され壊滅するか、ないしは宿主を死に至らしめるか、どちらにしても拡散せずに死滅します。疫学的には非常に正しい対処法を中国政府は徹底したことになります。

さて、コロナショックの社会や経済への影響を予測する際には、この閉鎖期間ないしは自粛期間の長さとその範囲に注目することが重要です。まだ武漢も完全回復というわけではないことを考慮して、いったん中国での3か月、90日という期間をここでの「基準値」として記憶しておくことにしましょう。

その前提で次にアメリカを見てみます。この原稿を書いている4月中旬時点では、世界で一番深刻なパンデミックが起きているのがアメリカです。本格的に感染が広まったのは3月中旬からとアジア、ヨーロッパよりも遅かったにもかかわらず、そこから感染者は急増しました。日々変わる感染者数もこの原稿の執筆時点で70万人に到達し、死者数も3万人を超えました。

ニューヨーク市で新規の感染者が50人を超えたのが3月9日、100人を超えたのが3月11日と感染の増加ペースは速く、ロックダウンを始めた3月22日には2500人規模に増加しました。ロックダウン後には増加ペースは目に見えてスローダウンしますが、それでも新規感染者数自体は増える状況が続きます。

この増加が目に見えて減少に転じたのが4月12日からの週で、それまで毎日1000人ペースで病院に運び込まれていた入院患者数が、この週に初めてロックダウン以降の最少人数を更新しました。

ニューヨークのクオモ州知事も4月16日時点でロックダウン継続を表明しています。中国の流行曲線と比較した予測としては、ロックダウン解除は早くて5月中旬頃。経済が戻り始めるのは感染拡大から3か月という形になるのではないでしょうか。これはロックダウンを徹底的に行った都市であるがゆえに、中国の結果と類似した数値に収まりそうだと捉えることができるからです。

このようにロックダウンの短期的な経済へのマイナスはその期間から算出可能です。外出がなければ当然、個人消費は停滞します。その外出抑制が3か月続くということは1年の4分の1はまるまる経済活動も抑制されます。

その影響が具体的にはどれくらいかというと、たとえばアメリカの投資銀行大手のゴールドマン・サックスは、アメリカのGDPが4〜6月でマイナス24％減少するという分析を発表しています。

経済へのマイナスインパクトとして近年耳にしたことがないほど大きい数字ですが、個人消費全般にブレーキがかかっている現状をふまえると、これから次々と公表される欧米先進国の2020年上半期のGDPの減少レベルがこのような悪い水準になるのは仕方ないでしょう。

（追記：4月29日に発表されたアメリカのGDP速報では、1〜3月の経済成長率はマイナス4・8％の減少でした。アメリカで感染者が拡大して実体経済に影響が出始めたのは3月6日以降の26日間です。それ以前の65日間では昨年10〜12月期同様の2・1％程度の経済成長水準だったと仮定し、それが91日間トータルでマイナス4・8％になったということから逆算すると、自粛の影響が始まった26日間でマイナス22％減程度に成長率が後退していたことを意味します。それを考えると、7月末に発表されるであろうアメリカの4

〜6月のGDPについてのゴールドマン・サックスの予測は現実的だと思えます）

日本経済の自粛の影響は？

さて、日本はどうなのかというと、実は中国、アメリカ、スペイン、イタリア、フランスといったパンデミックが進んだ国と違い、皮肉な話ですがパンデミックについて医療崩壊を起こさないという目的に向かって比較的うまくコントロールしてきた分、経済については他の国よりも大きな打撃を受けることが予測できます。理由は日本の自粛が他の国々と比べて長期間にわたってしまっていることと、アメリカや中国と比較して産業のデジタルトランスフォーメーションが遅れていることです。

日本での新型コロナの経済打撃は早い時期から始まっています。始まりは中国でロックダウンが強行されたことで、1月24日からの春節の訪日外国人需要がぴたりと止まってしまいました。その結果、2月のインバウンドの訪日外国人数は対前年でマイナス58％、3月にはなんとマイナス93％にまで激減します。

これだけの影響ではありませんが、大手百貨店でインバウンド依存の大きい店舗での2

月の売上高を見ると、三越銀座店が36％減、大丸心斎橋店が45％減となっています。このようにインバウンドをあてにしていた観光業界、小売業界全体で1月24日以降、需要が冷え込んだ状況が続いています。

2月に入り国内でも感染者が増加しクラスター対策が行われる中で、2月20日にはイベントやスポーツ業界が自粛を求められるようになりました。私の周囲ではお笑い芸人やサブカルライターといったイベントで生計を立てている人たちに、この日を境に大打撃が始まります。

さらに3月28日になって「コロナとの闘いは長期戦になる」と安倍総理が表明し、2日後、東京都知事がバーやナイトクラブなど夜の歓楽ビジネスについて自粛要請を開始します。このタイミングで夜の街が実質的に閉鎖され、本格的な経済封鎖が始まりました。

そして総理の決断で4月8日からわが国初の緊急事態宣言が発令されました。しかし予定された1か月後、5月6日の解除はまずないでしょう。理由は東京での新規感染者がその段階では解除できるほど減少していないことが予言できるからです。

「密」を減らせない根本的な大問題

コロナ対策の専門家会議では、感染者数がマイナスに転じるためには個人個人の接触が8割減らなければいけないという前提を置いています。これは疫学的観点で組み立てた数理モデルで感染拡大を抑えるために必要な数値目標なのですが、その達成のためにはかなりの数の職場がリモートワークに踏み切らなければなりません。

最初にそのことが政府から発表されると、さっそく与党の大物政治家が「そんなことできるわけがない」と発言し、官邸では「出社を7割減らす」と実質的に目標が1割下方修正されました。

この要請の翌週4月13日から17日の昼間に首都圏と関西圏のオフィス街の人出が2月前半と比較してどれくらい減ったのか、NTTドコモがデータを発表しました。この数字が非常に面白いのですが、東京では銀座が68％減少、丸の内が68％減少、大手町が65％減少という惜しい数字で、これを受けて朝日新聞は「オフィス街の人出、5～6割減　政府の目標に届かず」と報道しています。

どこが「非常に面白い」のかを解説しますと、ニュースで報道されている緊急事態宣言後の朝の混雑する出勤ラッシュの映像と正反対のデータだからです。

この数字に関連してグーグルがGPSデータを使った統計を公表しています。コロナ以前の1月上旬から2月上旬の5週間の中央値を基準に、「現在、どれくらい人の移動が減っているか？」を示すデータです。4月11日の統計データを見ると、アメリカでは職場への移動が徹底して抑制された結果、アメリカ全土では38％減少、ニューヨーク市中心部ではマンハッタン地区が55％減、ブロンクス地区が52％減、クイーンズ地区は62％も人の職場への移動が減少しています。

同じグーグルのデータで日本の状況を見ると、緊急事態宣言発令後の4月11日の時点で日本全体での職場への移動は22％減にすぎません。大阪は28％減、愛知は20％減、首都圏では神奈川県は30％減、埼玉県・千葉県はともに26％減、東京はかなり優秀ですがそれでも37％減にとどまっています。

このデータの違いは、世界中の政府がコントロールできないグーグルだから客観的なのだとは言えそうです。ドコモの公表データとの差がどこで生まれたのかを考察すると、グーグルはオフィスへの人の移動を分析したデータですが、ドコモのデータはオフィス街への人の移動を分析したデータだという違いのようです。

丸の内を例にとれば、ドコモのデータでは500m四方の平日14時台の人数を比較したそうですが、そうなると東京駅がその範囲に入ってくる。銀座でも商業地域が計測範囲に入ってきます。

グーグルのデータを見ると、日本でも駅や繁華街では人の数は明確に減っています。東京ではターミナル駅の人出は59%減、繁華街の人出は52%減なので、その効果がドコモのデータではオフィス街の人出として上乗せされているのだと思います。私はデータ分析の専門家なので、こういったところはどうしても気になってしまいます。

そして感染拡大を防ぐために本当に必要なデータは、オフィスへの出勤がどれだけ減っているかのほうの数字です。なぜなら最大の「密」は職場や通勤電車にあるからです。

ここが論点で、日本では法律上の強制力がないことを根拠に、人の移動は止められていません。社会人の過半数は、緊急事態宣言以降も平日に何らかの形で公共交通機関を使って出勤を繰り返しているのです。

もっともテレワークの要請は日々繰り返されていますので、GW前までには東京での職場への人の移動は5割前後までは減ると私も予測しています。しかし5割まで頑張ってもそれは目標数字には届いていない。

確かに新宿歌舞伎町の繁華街では警官が練り歩いて不要不急の外出を減らすように圧力をかけていますが、4月19日の週末は吉祥寺が外出する若者でにぎわった様子がニュース番組で報道されています。

週末になると世田谷区の駒沢公園は、気分転換に外出する人やジョギングで体を動かす人たちが例年以上に増加している状況です。結局一番感染が広がっている東京でも、その程度の自粛状況にとどまっているという現実があります。そして東京の感染がGWに日本各地に拡大することが危惧されます。

つまりただあてずっぽうで5月6日での緊急事態宣言の解除は無理だと予測するのではなく、データを見てもその目標達成は難しいだろうと根拠をもって予言するのです。

（追記：4月26日に発表されたグーグルのレポートでは、日本全体の仕事場への人の移動はマイナス27％まで減ってきました。東京はマイナス39％減でした）

感染拡大と経済被害拡大のトレードオフという難問

　ここで経済への影響を考えるために、自粛解除日を想定してみましょう。この想定はみなさんがこの本を手に取られる２０２０年６月下旬の時点では、すでに答えが出ていると思います。私の想定が外れていた場合は、その事実に即して経済への影響期間の長さを読み替えていただきたいと思います。

　緊急事態宣言解除の条件の中に、日本全国での新規感染者数が１日あたり１００人を安定して切るようになるという条件があります。４月の状況をもとに統計学的なモデルでその先を予測すると、細部は省きますがその水準になるのは最短で5月20日頃、地方で新たな感染拡大が起きた場合でも６月３日頃には日本での感染は収まると予測されます。

「いや、自粛が不十分な日本では、数理モデルに基づけば７月になろうが感染者数は増加する計算にならないか？」

　という疑問はあると思います。ただ、新型コロナは夏になれば死亡者数が自然に減少する可能性があります。日本が冬の間に南半球で起きたことが日本の夏でも起きるという仮説です。自粛による感染防止効果が不十分だったとしても夏になった効果で被害が縮小し、自然に自粛も解除されることを想定したのがこの予測です。

　一方で仮にコロナ収束が見えない場合はどうでしょうか。実はアメリカでは、コロナ自粛に経済が耐えきれないと判断したいくつかの州ですでに自宅待機が解除され始めています。たとえばジョージア州がレストラン店内での食事や映画館の再開を許可するようですし、オクラホマ州、アラスカ州、サウスカロライナ州、テキサス州などでも制限緩和の動きが広まっています。国内線はロックダウンされていないため、航空機の機内は混雑を始めています。

これは感染拡大と経済被害拡大のトレードオフ（二律背反）のどちらを選ぶのかについて、世界各地で極限レベルでの政治判断が行われていることを意味します。

日本では過去のデータから、経済不況のさ中では自殺者が1万人規模で増えることが知られています。それをコロナの死者と比べるのも無粋な算数ではありますが、5月中旬頃からは経済的な理由から自粛解除を求める悲鳴が国内でも増えるはずです。

このように「とにかく解除しないと日本経済がもたない」という大合唱が起きた場合に、政府が感染収束の確認前に制限解除に動く可能性があります。これが緊急事態宣言解除のもうひとつ別のシナリオだと考えてください。

そこで経済への影響を予測するシナリオとしては、6月頭までに緊急事態宣言が解除されてから6月末までに段階的に自粛が解除され、日本経済も徐々に以前の状況に戻っていくことを想定してみます。

このままいくと日本経済はどうなるか？

このように6月に経済が平常さを取り戻していくという仮定の下で、業界別の経済的な影響を考えてみたいと思います。

その前提で最も経済的な影響が少ないのは、ほぼこれまで通りの営業を続けてこられた業界です。ひとつは病院や物流、食品スーパーやコンビニ、ドラッグストア、電力・ガス・通信のようにインフラとして止めることができない業種で、これは大変な思いをしてインフラを維持していただけた対価でもあると思いますが、経済的な打撃は国内企業の中では比較的小さく収まると思います。

もうひとつは結果的に自粛を避けられた会社やお店です。自粛期間でもメディアのインタビューなどで「そうは言っても生活がありますから」と言って一部の飲食店が営業を続けていましたが、それは多くの人にとっての本音で、自粛や休業を名指しされていない業種においては緊急事態宣言後もなんとか営業を続けるための努力が続いています。その中で自粛の影響を最小限に抑えて営業を続けられた企業は幸運だったと言うべきでしょう。

逆に、経済的に不運なのは緊急事態宣言などで名指しで休業勧告が行われた業界と、取引先が休業したことでサプライチェーンが途絶えて休業せざるを得なくなった企業です。

緊急事態宣言をきっかけに休業勧告が行われた業種、これは具体的にはショッピングモールやスポーツクラブ、学習塾や予備校、パチンコ店などですが、これらの業種が4月8日から休業が始まったとして6月まで休業が続いたとします。この幅で捉えると自粛期間は2か月超程度ということになります。

一般論でいえば企業というものは、一定の内部留保の蓄えがあったとしても3か月活動が止まると危機的な状況に陥るものです。これらの休業勧告組について経済的な大打撃はまぬがれない状況であることがわかります。

ところがそれ以上に経済的な打撃が厳しい業種があります。それが先行自粛組です。スポーツやイベント業界は2月20日から自粛が始まっています。飲食店や映画館、カラオケボックス、遊園地やテーマパークなどもこの自粛の影響で同じ頃から実質的に客足が止まっています。6月に入ってもこれらの業種では「密」を避けるように自粛要請が継続される可能性もありますから、その影響期間は4～5か月前後と、先ほど触れた休業勧告組よりも長いことになります。

そして最も深刻なのが観光業界やインバウンドに依存していた産業です。緊急事態宣言が解除されてからも旅行客が戻るにはさらに時間がかかります。春節から数えて実に半年前後の影響期間が予測されるわけで、そうなってくると業界全体で大規模な倒産が続く危険性は否定できません。

コロナ倒産が特定業種で相次ぐ

世界的に倒産が相次ぐのがＬＣＣ（低コスト航空会社）です。たとえ従業員を大規模に解雇したとしても、航空機のリース代は毎月キャッシュで出ていく一方です。

この休業の長期化の問題は日本経済全体でみれば人災でもあります。ロックダウンに踏み込まず意思決定も遅かった日本の自粛要請方式では、その自粛期間がだらだらと長くなったことで、先に自粛が始まった業界から順に倒れてしまうのです。

その打撃規模は、アメリカの予測のように経済成長率がマイナス24％減まで落ち込む規模になるでしょう。ただし日本特有のリスクはそのマイナス期間が長くなるということと、特定業種が壊滅的な打撃を受ける可能性があるということ、そしてアメリカのようにコロナ前からデジタルトランスフォーメーションが進んでいた国と比べアフターコロナへの産業構造転換に時間がかかるという三点です。

ざっくりとした指摘になりますが、アメリカ経済が壊滅的な打撃を受けるとしたら、日本経済はアフターコロナショックで同じ打撃をその1・5倍分受ける可能性があると予測しておきます。

コロナがいったん収束した後に、コロナによる不況が3段階でやってくるでしょう。まず自粛明けの6月に個人消費の低迷が起きます。これはすでに始まっている現象ではありますが、所得が大幅に減ったないしは無くなったので消費できないという人がかなりの数存在することで、解除後も消費がなかなか回復しないという現象です。

次の段階として夏になると、中流層も含めて耐久消費財の消費低迷が明らかになってきます。サラリーマン家庭でもボーナスが出ないので、自動車、家具などの買い替え需要が大きく低迷します。

そして9月頃には航空業界、ホテル業界、観光バスや旅行会社、インバウンド向け小売業などの観光業界、イベント業界、飲食店、夜の飲楽街など幅広い業種で、コロナ倒産が相次いでいくはずです。

これらの業界を支えているのは地方銀行や信用金庫といった金融機関です。その金融機関のバランスシートが傷むとともに、そのタイミングでコロナの再流行が起きることから、2021年には第3段階の金融恐慌に突入することが危惧されます。

経済の専門家として「不条理だ」と感じることは、最大被害を受ける業界がこれまで日本経済再生のカギだと言われてきた業界に集中していることです。それはインバウンドであり、クールジャパンであり、おもてなし産業です。持ち上げられてきた割にはここまでの政府の対応は冷たいと感じざるをえません。

オリンピックが開催される場合に最大の経済効果をもたらすのは、これらの産業に訪日外国人が落とすお金だと日本のシンクタンクは試算しています。それがコロナで軒並み経営破綻するとどうなるのか？

わかりやすいシナリオとしては、日本より先に回復する外国資本が救済の名目でそれらの企業や設備を買収してまわるかもしれません。オリンピック開催国のおいしいところが海外に流出する。それは日本にとって怖いことだと思いませんか。

コロナで不足したマスクをシャープが急遽増産して供給してくれています。そのシャープもリーマンショックと東日本大震災の不況を乗り切れず、日本企業からの救済の手が差し伸べられないまま外国資本の会社になりました。

それでも自虐的に言えば破綻した企業を買収しようとする相手がいるのなら、それはまだ日本経済にとっては最悪の話ではないのかもしれません。最悪なのは世界から「日本は投資をする魅力がない」と見放されるときなのですから。

そして前述したように、日本経済へのマイナスインパクトが最大となるイベントリスクがオリンピックです。2021年7月23日に延期された東京五輪ですが、2020年秋からの再流行は最初の流行より期間が長くなり規模も大きくなる可能性が予想されます。

その場合ＩＯＣがどのように決断するかは不確実ですが、中止になった場合の影響は東京五輪の30兆円の経済効果から逆算すればその被害の大きさは想像できます。開催できないことの直接の損失2兆円に加えて、訪日外国人の増加効果の打ち消しで14兆円が消えてしまう。それくらい大きな打撃を日本経済に与えるリスクがあるのです。

コロナショックで歴史はどのように繰り返すのか？

さて、ここまで述べてきた「①情報を分析して、②リスク要因を検討する」という未来予測の1番目と2番目のステップに続いて、その次のステップの作業に移りましょう。歴史は繰り返すといいます。よく「螺旋《らせん》階段を上るようだ」といいますが、過去に起きたのと同じ場所に戻ってくるけれども高さが少し違うから、同じ光景の見え方が違ってきます。

それと同じで、新型コロナの経済ショックが過去経験してきた経済ショックとどのような点で同じなのかを考えること、そして過去の歴史では語れない新しい変化はどのようなものかを考えることが必要です。この「③歴史を振り返り、④新しい現実と過去の違いについても考察する」という3番目と4番目のステップに入りましょう。

新型コロナショックは経済への打撃という観点では最低でもリーマンショック級だと言われています。ただ今回の経済ショックの特徴は、世界的に外出ができなくなったことで労働人口の多くが働くことができないということです。外出しないので消費も冷える。実体経済が先に打撃を受けるという点では、金融ショックから始まったリーマンショックやバブル崩壊よりも、1929年の大恐慌がまずは参考になりそうです。

営業休止した業種では経済が止まりますし、テレワークでなんとかしようとする事業でも生産性は下がります。アメリカの2020年4～6月期のGDPがマイナス24％になると予測される理由は、社会全体を合算してそれだけの人が働くことができないからです。これは一時的に失業率が24％となった社会に起きることと影響は同じで、結果として大恐慌と類似した歴史が繰り返すことが予測できます。

日本でも非正規労働者やフリーランスを中心に、働くことができず収入が途絶える人が増加し社会問題になっています。私の周囲ではタレントや芸人、アングラライターや地下アイドルたちが、イベントを開催できずに収入が絶たれたままの状態が続いてしまいます。

この状況は経済的には消費低迷を引き起こします。消費低迷はさらなる経済不況を引き起こし、さらに失業が長引くという悪循環に陥ります。

特に問題となるのは耐久消費財の需要低迷でしょう。自粛が解かれた今年の夏から秋にかけて、乗用車、住宅、リフォーム、大型家電といった分野で買い控えが確実に起きます。そしてそのことで、私たちは本格的な経済悪化を実感することになります。

大恐慌のときに行われた重要な対策がフーバーダム建設のような大規模な公共支出を行うことで、この消費支出の低迷を補う政策でした。10万円を一律支給する政策も考え方の根っこは同じで、消費を回復させるわけです。本当は10万円を毎月バラマキ続けるといいのですが、それは日本政府としては採用できない政策なので、何らかの仕事を作り出してそれで給料をばらまく必要があるのです。

株価暴落の歴史も繰り返す

今回の経済悪化では、これまでの世界経済を牽引してきたアメリカと中国の個人消費でより大きな買い控えが発生すると予測されます。アメリカのGDPは20兆ドル（約220兆円）ですが、その7割は個人消費です。とにかくアメリカ人はよくお金を使う。中国の富裕層も同様です。そのおかげでまわりまわって日本経済もプラスに回っています。

このアメリカと中国の消費は、特に富裕層については株や不動産など彼らの保有する資産価値の上昇に支えられています。そこにコロナショック暴落の第二弾が襲うリスクがあります。株が暴落して富裕層の消費が冷える。この観点ではリーマンショックのときに起きた株価暴落の歴史が参考になります。

日経平均株価は、２０１２年12月に始まったアベノミクス以来、コロナショック直前までジグザグを繰り返しながらも長期上昇傾向にありました。直近では２０１８年12月に１万９０００円まで下げたのが一番大きな下落で、その後回復した日経平均は２０１９年を通じてふたたび高値圏まで上昇していました。

２０２０年１月17日、中国で新型肺炎が発生したというニュースが飛び込んできた頃につけた２万４１１５円が今年の日経平均の最高値でした。株式市場は新型コロナの蔓延が社会問題になった２月25日に暴落を始め、３月19日には１万６３５８円の安値を記録します。株価がわずかな期間に３割も下落したわけです。

米国株など海外の株の動きも基本的に同じ時期、同じように暴落したのですが、不思議なことにこの３月19日あたりを境に世界の株価はプラスに転じます。日経平均も１万９０００円台まで上昇し、４月末段階でもその水準を保っています。

リーマンショックのときは世界の株価が大暴落してほぼほぼ半分になるような体験を私たちは経験しています。この歴史は繰り返さないのでしょうか。類似点と相違点を確認したいと思います。

そもそもリーマンショックと今回のコロナショックが違うのは、リーマンショックは金融ショックだったが、コロナショックは実体経済に対するショックから始まっているという点です。

2008年のリーマンショックはサブプライムローンという不良債権がコントロール不能な金額にまで膨れ上がり、それが証券化され細分化されさまざまな金融商品に紛れ込み、債務不履行となった損失が最終的に金融機関の破綻に結びついた事件でした。

このままでは世界の金融システムが崩壊するということで各国の政府や中央銀行が協調して、被害を最小限に抑える動きが生まれ、それで世界は最悪の事態をまぬがれました。

リーマンでの株価の暴落も、「もし世界の金融システムが崩壊したら、信用で裏付けられていた株券の価値が無価値になるかもしれない」という恐怖から暴落したものです。だから世界の株価が半値まで暴落したのですが、金融システムが崩壊しないことが判明した直後から株価は元の水準に戻していきました。

このリーマンショックから、株価について今回のコロナショックが学べることがふたつあります。

ひとつは株価が半値まで下落するというのはよほどのパニックがない限りは起きないということ。もうひとつは新型コロナの金融パニックは、その観点では「今はまだ起きていない」ということです。

コロナショック暴落のメカニズムを解説する

あまり株に詳しくない方にもわかるように簡単に説明しますと、株とは大企業の所有権です。企業が儲けをたくさん出して成長すれば株価が上がる。逆に企業の業績が悪化すれば株価が下がる。株はそのようなリスク商品です。

ここで重要なことは、それぞれの会社の株価というものは将来の利益を織り込んで形成されることです。そして日経平均は、そのような日本を代表する225社の株価の加重平均です。

結果的にコロナ直前時点での日経平均2万4000円という価格は、それらの大企業が稼ぐ14年分の利益水準でした。専門用語ではこのことをPER14倍といいます。あくまで市場の需給が決めた価格ではありますが、論理的な裏付けとしては（これをファンダメンタルズといいます）上場企業がこれから14年間でそれぐらいの利益を稼ぎ出すであろう予測をもとに、その高値で買われていたということです。

それがコロナショックでわずかな期間に１万６０００円近くまで暴落しました。これはコロナショックで各企業の業績が悪化するであろう予測から、各社の株が一斉に売られたためです。

しかしファンダメンタルズだけを考えると、実はこの１万６０００円という株価は安すぎます。それはこんな計算をするとわかります。

まずこれまでの日経平均が２万４０００円だったときの理論モデルは簡略化するとこのように説明できます。

【モデル１】コロナ以前の前提としては、日経平均を構成する大企業が平均して１株あたり毎年１７００円を稼ぐだろうと考えられていた。それが14年間続くと想定して日経平均は（ＰＥＲ14倍の）２万４０００円が妥当である。

これは市場で形成された株価についての後付けの説明ではありますが、株を取引きしているプロの人たちはだいたいこのようなことを念頭において株を売買していたのです。
それがコロナショックで前提が変わって会社が儲からなくなります。以下のような新しい前提を置いてみましょう。

【モデル2】コロナショックの影響で日経平均を構成する大企業は2020年は平均して1株あたりマイナス1700円の損失を計上するだろう。さらに2021年も収支がトントン（利益0円）、2022年にようやく経済が元の水準に回復して（年間1700円の利益）それが12年間続くだろう。

この新しい前提で2020年から14年分の利益を合計すると1万8700円になります。ファンダメンタルズからの理論値としては、このように経済ショックが起きたときの新しい企業の利益水準を推測して算出した価格が、コロナショックが起きた時点での株価の適正水準の目安となります。

ここで私が設定した【モデル2】の前提条件が経済的にはものすごく被害が大きい仮定になっていることに注目してください。トヨタ自動車でいえば「営業利益2・5兆円のトヨタがコロナショックで一転してマイナス2・5兆円の営業赤字となり、翌年も収支トントン、元に戻れるのは2022年から」という計算前提になっていて、それが日経平均を構成するすべての企業でも同じことが起きると仮定しているのです。

大企業が軒並みものすごい打撃を受けたリーマンショックのときは、産業界では自動車業界の打撃が特に大きく、トヨタの業績は売上高営業利益率9％からマイナス2％へと下落しました。一方で私の設定した【モデル2】はプラス8％からマイナス8％へ下落する前提なので、リーマンショックよりもさらにひどい業績悪化を想定しています。それでも1万8700円が理論値だと（この経済モデルが）言っているわけです。

そして実際に足元の2020年4月の日経平均も1万9000円台と、【モデル2】の予想水準あたりまで戻してきたわけです。

まだ起きていない「本格的な金融パニック」が起きるとき

ただここで心の準備をしておかなければならないのは、ふたつめの条件、新型コロナの金融パニックは「今はまだ本格的には起きていない」ということです。

今はまだ新型ウイルスのほうが怖いので、みんな感染することにびくびくして暮らしているのですが、その結果、この章で述べるように日本経済は停滞していっています。日本だけでなく世界経済が活動をほぼほぼ停止し始めていて、世界中のサプライチェーンに悪影響が出ています。

その結果、企業業績の本格悪化はこれから起きます。冷酷な話に聞こえるかもしれませんが、この夏にかけて、観光業、エアライン、飲食業、製造業の中小企業などコロナの打撃が多い業種や業態で企業倒産が相次ぐことになるでしょう。そういった破綻企業は地方都市に多く、その結果、金融機関でも地銀や信用金庫の経営状態が悪化します。

そして今年の夏から冬にかけてそのような破綻のニュースが次々とメディアで報じられるようになる。これまで解説してきた前提から、世界各国と比較して日本の企業破綻が突出する可能性もあります。

株はリスク投資だと言われますが、その最大の理由は投資先が倒産してしまうと株の価値がゼロになってしまう点にあります。不景気で株価が2割下がったとしてもまだ8割の価格で売ることはできます。しかし倒産してしまうとそれがゼロになる。これが投資家にとっては怖いことなので、「経営が極端に苦しい」「倒産しそうだ」という情報が流れるとその会社の株価は急落します。

さらに注目すべきは世界的なGDPの落ち込み方です。コロナは消費経済のパラダイム（頭の中の前提条件）を大きく変えてしまうかもしれません。テレワークを試してみたら意外とそれで仕事がまわったとか、今まで使ってこなかった安価なツールで代用したらそれでも大丈夫だったとか、そもそもその仕事はいらないことがわかったといった話です。

消費でも「あんな浪費は必要なかった」とか、「最小限でやっていける生活手段がよくわかった」といった具合で、消費者としてもみんな行動が賢くなりました。

このスマートさ、賢さが経済には鬼門です。世界経済の発展は消費の増加に支えられてきました。ところがコロナをきっかけに世界が「もう少し抑えた消費で暮らすほうがいい」と気づいてしまうと、コロナがきっかけで世界全体でGDPの標準的な大きさが縮小する可能性があります。

そうなれば株は大きく売られます。コロナ以前の前提だった「コロナが終息すれば経済が元に戻るだろう」という前提が崩れ、「コロナ後に多くの企業が倒産し、生き残った企業の稼ぎも激減するだろう」という新しい前提を考えなければならなくなります。

そのときにはふたたび経済パニックが起きて、モデルが予測する適正水準など関係なく大幅な暴落が起きる可能性があります。それは3月の1万6000円よりも低い株価水準、日経平均としては1万4000円台から1万2000円台あたりまでの暴落を覚悟しなければなりません。

そしてそれがアメリカの株式市場でも起きるでしょう。世界中で経済封鎖が行われたことで、世界中でそれに耐えきれない企業が経営破綻し、世界で消費が緩慢になるからです。その果てにあるのが、これまで世界経済の発展を牽引してきたアメリカの個人消費のさらなる冷え込みという悪い循環につながるのです。

ただ中国だけは意外と持ちこたえるかもしれません。実際、コロナ後の世界経済では中国が世界の命運を握る存在になる可能性が高いと思われます。この状況で中国がグローバル経済の中でどう振る舞うのかは予測が難しい点ですが、最終章でその意味するところについて論じてみたいと思います。

グローバル連鎖の脆弱性とモノ不足

ここまでお話ししたロックダウンや自粛の長期化による経営悪化や倒産、収入減少による消費低迷、それに伴う株価暴落も厳しい話ですが、歴史が繰り返すという別の観点で言うと、もうひとつ注意を払うべき経済現象があります。それはグローバルサプライチェーンが発達したおかげで起きているモノ不足です。

わかりやすい例を挙げると直近でマスク不足が起きています。政府は2月に小売店の店頭からマスクが消えた当初、「マスクの増産体制を1億枚レベルで強化しているので来週にはマスクは市場に出回る」と言っていたのですが、マスク不足は4月に入ってもまったく解消されていません。理由は日本のメーカーもマスクを中国で生産しているからです。

中国でもマスクを増産しているのですが、世界中からマスクの需要が殺到しています。アメリカは他の国が契約したマスクをより高い価格で契約を奪ったりしています。マスクは中国にとって戦略物資となり、日本への供給が滞るとともに価格が高騰しているのです。

より一般的な商品ではサプライチェーンはもっと複雑です。ユニクロの機能性アパレル商品は、素材は日本で東レが製造し、それを中国やバングラデシュの縫製工場で加工して日本に再輸入します。そのチェーンのどこかが切れてしまうと店頭にファッションアイテムが並ばなくなるわけです。

グローバル分業が進んだ結果、世界中の商品が素材や原材料、中間製品の製造、加工処理、最終販売についてそれぞれ担当する国が異なる商品ばかりになっています。

自動車のように部品点数が何万点にも及ぶ商品だとさらにサプライチェーンは複雑です。過去にも震災で日本のある地域の工場が稼働を止めたケースでは、そこで生産される部品が他の工場で作ることができないという理由で自動車の生産自体が止まるという現象が起きています。

日本国内では4月段階で自動車8社の工場がすべて止まっていますが、いつ再開するかは日本の感染状況の回復だけでは決められないのです。

住宅の場合、中国で製造しているトイレやキッチンが日本に届かないという問題が発生していて、9割方完成している住宅が納品できずに止まっている。このサプライチェーンの問題は部品、素材など仕入れ品までさかのぼると多国間で影響が起きる問題です。北米の企業の場合はブラジルやアルゼンチンなど南米とサプライチェーンがつながっている場合も多く、その回復時期はまったく読めません。

このグローバルサプライチェーンリスクが浮上した段階で、世界的に生産拠点を国内に戻す一方で各国の保護主義の力が強まるのではないかという観測があります。

そうしたい企業は多いと思いますが、実際にここまで進んでいる国際分業を短期間に完全に元に戻すことは難しい。「半導体の製造装置は日本で作ったほうが精度が高いし、半導体自体の生産は台湾や中国でやったほうがコストが低い」という比較優位は日中台にとって変わらないのです。

とはいえ、国家の保護主義的観点でみれば、戦略物資をてこに国家間のパワーバランスを変えていこうと行動する国は増えると思います。グローバルサプライチェーンの負の要因は、その是正ではなく、国家間のパワーシフトに影響が出ると見るべきです。

スタグフレーションが再来する可能性

今回の新型コロナショックではこのようなグローバルサプライチェーンのマイナス面が露呈することで、モノ不足が起きることが予測されます。歴史が繰り返すという観点でみると、モノ不足が引き起こす不況の代表例が1973年のオイルショックです。

モノ不足不況の怖いところは、物価が上がりながら不況が起きるスタグフレーションが起きるということです。

さきほどの例でいえば、マスクが入手できなくなった結果、マスクの実売価格が上昇しています。コロナ以前は不織布の使い捨てマスクは50枚入りのひと箱が５００円で買えたものです。それが品薄になり、ネットオークションでひと箱５０００円で売買されるようになり、やがてマスクの出品が禁止されました。

一方で運よくドラッグストアで発見できるマスクは50枚箱入りではなく、別のパッケージで5枚５００円とか3枚３００円といった商品が増えます。１枚あたりの単価はやはり10倍です。要するにそれが適正な市場価格になっているのです。これは別に便乗して高く売っているわけではなく、品薄で商品の仕入れコスト自体が上昇しているのです。

新型コロナの影響で今は世界的に需要減少でデフレが起きていると報道されていますが、その結果、世界中の工場が減産傾向にあります。農業や鉱業といった第一次産業にも当然影響が出ています。そうなると今年の夏から秋にかけてさまざまな商品に関して本格的なモノ不足が訪れる可能性があります。

これは歴史でいえばオイルショックと経済メカニズムは同じで、生産量が減り物資の価格が上がり、結果としてインフレが起こります。悪いことに仕入れ価格が上がるインフレのため私たちの給料は増えない。これがスタグフレーションで、インフレが起きても経済は好転しないのです。

私たち日本人は20年にわたるデフレ経済で、どんな商品も安く手に入る生活にすっかり慣れてしまいました。高品質な日用品が100円ショップで手に入り、コンビニ弁当やファストフードで安価に食事が手に入り、ユニクロやジーユーに行けば洋服も安く手に入る。給料が低くなった分、生活費も安い経済が当たり前だと感じて暮らしてきました。

そのような経済にとって、収入増なきインフレは家計には大きな打撃です。みなさんもトイレットペーパーが手に入らないときは価格が高くても構わないからと高い商品を買いましたよね。それと同じように、コロナでグローバルサプライチェーンが長期間滞ると、さまざまな生活必需品で同じ現象が起きる可能性がある。その結果、コロナをきっかけに日本はデフレ経済から最悪な形で脱出するかもしれないのです。

コロナ以後の職場に起こること

さて、コロナについての未来予測ステップの4番目は、構造的に過去とは前提が変わるものや新しい変化は何かを考察することです。言い換えれば歴史が繰り返さない新しい変化の芽に気づくことです。

わかりやすい具体例がテレワークの普及です。企業単位で出社を控えることになってテレワークが始まり、それでなんとかしなければと急遽Zoomなどの会議アプリを使用することにしてみると、それまで当たり前だと思っていた仕事の慣行の中でいらない業務が意外とたくさんあることに気づきます。

これまでは担当する営業所を毎週巡回して本部の方針を伝達し徹底していた人が、わざわざ出かけなくても20分のテレビ会議で十分だと気づいたりします。

またこれまで当然印鑑が必要だと思っていたやりとりが、別に印鑑など必要でないことが判明します。たとえば請求書の発行にあたって別に印鑑が必要だという法律などないことがわかり、それがネット上で話題になりました。

そういわれてみれば、私の取引先でもエクセルで作った請求書に印影の画像を張り付けたPDFをメール送付している会社がたくさんありますが、その中の数社は「請求書の原本を郵送で送ってください」と言ってきます。こういったやりとりがコロナ以降変化して、仕事の生産性が変わる兆しが出てきています。

そうなるといいことばかりではありません。コロナ以後、世界中で出張需要が激減する可能性があります。産業でいえば航空業界、ホテル業界、鉄道業界などがコロナ後も継続して大きな打撃を受ける可能性が出てきたわけです。

また当たり前ですが、このようにコロナの影響で自然と各職場がムダを省くカイゼンを重ねていくことで、コロナ以後の会社ではそれをコストダウンにつなげるはずです。結果として、職場にはこれまでのような人数の従業員がいらないことがわかってくる。そしてそれが非正規労働者の雇止めにつながっていきます。

国民の「分断」という新たな問題

別の社会的変化についても指摘しましょう。今回のコロナショックはほぼほぼ国民全員が被災者となった結果、ＳＮＳでの議論がこれまで以上に活発に行われる災害となりました。

政府や自治体の対応だけでなく、メディアのワイドショーの議論がそのままＳＮＳ上に引き継がれて、誰のコメントが正しかったとか、誰の言っていることは間違いだらけだとか、一億総批評家状態が繰り広げられています。

多くのインフルエンサーが表明した意見がポジティブにフィードバックされて政策や企業の行動にプラスに反映していくとよいのですが、どうも状況はそのようには動いていない。むしろSNS化が進んだことで、今回のコロナショックでは国民の分断が広まってしまった。これがこの章の最初のほうで指摘した新しい変化です。

私もツイッターを使っていてつくづく感じるのですが、いろいろとツイートをし、周囲の反応にいいね!をしているうちに、ツイッターの中では徐々に自分が好きな意見しか飛び込んでこない居心地の良い状態になっていきます。

そうしているうちに世論があたかも自分の考えと同じだというような錯覚を起こすのですが、それは実は違います。世論と自分の意見が一致しているのではなく、自分のSNSの周囲には自分と意見が同じフォロワーばかりが集まった状態になっているのです。

コロナに対して安倍首相が何かを表明して、それについてたとえば蓮舫さんがモノ申し、さらに私のような経済評論家が何かナナメからコメントをしたとします。そんなことが毎日たくさん起きているのですが、私のSNSには私のコメントに対するポジティブなリプライが並びます。

一方でおそらく安倍首相のスマホには首相の考えをサポートする意見が次々とタイムラインに並び、蓮舫さんのスマホには蓮舫さんの考えに賛同するコメントが続くはずです。そしてそれを見ているうちに、誰もが自分の意見に自信を持つようになる。しかしそれが錯覚なのです。自分の意見がパワーを持っているのではなく、それぞれの立場の集団がきれいに分断されている。最大の問題が分断であって、目に入ってくる共感はＳＮＳが引き起こす錯覚なのです。

とはいえ居心地の良いスマホの画面にばかり人は注目するようになる。若者はこのままだと一生をスマホの画面を眺めながら過ごすことになりかねません。こうしてスマホの中の幸せとはうらはらに、現実世界はどんどん厳しく分断されたものへと変わっていくのです。

なぜ政権の愚策が続くのか？

さてこの章の最後に、現在進行形の新しい政治問題について指摘しておきましょう。今回のコロナへの日本政府の対応はいかにもちぐはぐです。アベノマスク政策のきっかけは

2月にさかのぼるそうです。当時、「マスクの不足は1週間で回復する」と菅官房長官が明言したにもかかわらず、マスクは容易に市場に出回らないことがわかってきました。そこで「一家に2枚マスクを配れば騒ぎはぴたりと止まります」と官邸補佐官が耳打ちした結果として世界の失笑を買うアベノマスク政策が誕生します。

それだけではありません。高級飲食店の自粛で在庫が動かないことで生産農家が農林族の大物議員に泣きついてくると、和牛券の配布策を検討し始める。それがだめだとなると給食に和牛を導入する政策が検討されます。

不要不急の外出自粛を要請しながら閣僚が選挙応援で大挙して沖縄に飛んだり、与党の大物が大規模なパーティーを開いたりしたことも問題になりました。

休業で収入が途絶えた国民に向けて打ち出した減収者を対象にした30万円交付案は、需給できる人が極端に少ないことが判明して大炎上します。

極めつけは国民が自宅で耐え忍んでいるさ中に、自宅でくつろぐ総理の星野源コラボ動画がツイッターに投稿され炎上したこと。コロナの被害が広がる中で、国民の誰から見ても本質的な対策から離れているような対応ばかりがなぜか目につきます。

政権の支持率が下がる一方で、小池百合子都知事や橋下徹元大阪府知事への国政へのカムバックを期待する声も高まってきています。英雄待望論とでもいうべき現象ですが、これはこれで危険です。お二人がどうだということ以上に、構造的な問題が日本の行政をむしばんでいる「事の本質」のほうが問題です。私は仮に現政権が倒れ、別の政権が誕生する事態になったとしても、この状況は変わらないと予測しています。

コロナと政治の関係について中心となる予言があります。それは「たとえトップが代わっても新型コロナに関しては政権の愚策はこれからも長く続く」というものです。その理由について解説していきたいと思います。

もし昭和の時代にパンデミックが起きていたら？

仮に昭和の日本でコロナが起きていたとしたらどうだったでしょう。対策は官邸ではなく各省庁の官僚主導で立案されることになります。昭和名物、官僚たちの夏というやつです。

厚生省は医療崩壊を防ぐためもっと早い段階でコロナを指定感染症から外して軽症者を入院ではなくホテル隔離する方針を打ち出し、運輸省は感染拡大を防ぐための都市圏公共交通の遮断計画を立案し、通産省は確実に落ちるであろう景気の支援策を業種別に策定し、大蔵省は必要とされる資金確保のため予算案の見直しに動く。各専門官庁がそれぞれの持ち場で、時間との戦いを繰り広げていたことでしょう。

一方で省庁の壁を超える問題が噴出します。国税庁が酒造メーカーにアルコールの増産を命じたり、通産省が自動車メーカーに人工呼吸器の製造を命じても、厚生省が病院での使用に待ったをかけたでしょう。

そして昭和の時代でいえばそのような省庁の壁を超えた調整を行うのが官邸の役割であり、政治判断でした。

ところが令和の政策は官邸主導で行われます。意に沿わない政策は官邸の怒りを買うことから、各省庁は官邸の顔色を窺って指示待ちになり、自分からは動けていない。結果、政府の対応は常に後手後手に回り、それをワイドショーが声高に批判している。

今、日本の政治に起きている現象です。これが安倍政権の特徴のように思われているけれども実は違うのです。

実はこの問題の謎解きは政治よりも、私の専門領域の大企業経営の話から説明したほうがわかりやすい現象です。安倍政権はどうやらオーナー経営者企業がよく陥るのと同じ罠にとらわれているようなのです。

オーナー企業の陥る罠

日本の大企業には、経営トップに一般社員の中から出世した人が就くサラリーマン経営者企業と、カリスマ創業者やオーナー一族の者がトップに就くオーナー経営者企業があります。大企業でいえば三菱商事や花王、みずほ銀行はサラリーマン経営者企業、ヤマダ電機やワタミ、ユニ・チャームはオーナー経営者企業です。

そしてこのふたつの大企業の社風には大きな違いがあります。

サラリーマン経営者企業では幹部社員は自律的に判断し行動する傾向がある。それぞれの立場・役割で創意工夫をもって役割をまっとうしようとします。悪くいえばいろいろな意見が対立してまとまらず、コンセンサスをとるのに時間がかかる。

一方のオーナー経営者企業では幹部社員はオーナーをみて行動する傾向がある。オーナーに判断を仰ぎ、その決定は絶対ですし、オーナーが決定できない場合も忖度《そんたく》しながら自分の役割を果たそうとします。傾向としてはオーナー経営者企業の幹部社員はイエスマンで占められるようになります。

こう比較するとサラリーマン経営者企業のほうが良く、オーナー経営者企業が悪い組織に感じるかもしれませんがそうでもありません。オーナー経営者企業は判断が的確な経営者の下では足並みを揃えて急成長します。特にオーナーがその事業について一番詳しい場合、圧倒的な優位性を構築します。ニトリ、ユニクロ、セコム、スズキといった企業名を思い浮かべるとそのプラスイメージは伝わるかと思います。

ところがオーナー経営者企業には大きな弱点があります。多角化、つまり本業以外の事業分野への進出では苦戦することが多いのです。細かい論評はここでは避けますが、ライザップや楽天、メルカリなどの領域の拡大傾向の強いオーナー企業はこの罠にはまりやすい傾向があります。

トップが細かいところがわかっていない事業について、組織の下にイエスマンが揃うと戦略判断がちぐはぐになってしまう現象が起きる。いままで経営判断に自信を持っていたトップも、新しい現実の前に何が重要かよくわからなくなる。幹部社員はそのトップの判断を待って動かない。こんな悪い状態が起きます。

その反対にサラリーマン経営者企業が多角化する場合、経営トップは自分のよくわからない事業分野の舵取りはその分野の責任者に任せます。三菱商事や伊藤忠商事のような総合商社の場合は、鉄鋼、通信、食料、エネルギーなど各事業分野ごとに業界事情がまったく違いますから、各部門ごとに専門社員を育て、縦割りでの組織運営をすることでどの事業分野でも舵取りを間違えずに業績を上げることができています。

サラリーマン経営者企業のトップの最も重要な役割は各組織から上がってきたプランについて、イエスないしはノーの判断をすることです。部門間調整が必要な案件も、トップはすり合わせを命じるだけで細部は現場に調整させます。立案自体はそれぞれの分野の専門部隊に任せるので、やらなければいけないことの抜け漏れは少なくなる。さまざまな違った分野の仕事が行われている大組織の場合は、サラリーマン経営者型組織のほうが同時にたくさんの仕事を的確にこなせるのです。

新しい政治体制の問題点

さて、実は日本政府の今の状況は、東芝や三菱商事のような多角化大企業のトップにリーダーシップの強いオーナー型経営者が就いたのと同じ組織体制になっています。

きっかけは２０１４年に内閣人事局が創設されて、それまで各省庁のトップに任されていた省庁幹部約６００人の人事権を、官邸が握るようになったことです。新制度発足当初は官邸に歯向かう骨のある官僚もたくさんいましたが、施行後6年たつとそういった人たちはきれいに掃除され、官僚の顔触れも行動も百八十度変わってしまいます。

簡単に言えばオーナー企業の幹部社員がオーナーだけを見て行動するのと同じで、官僚が官邸の顔色を見ながら行動するようになりました。その結果、オーナー経営者企業で起きるようなふたつの問題が発生します。

ひとつは各省庁の官僚が指示待ちになり、創意工夫をもって対応しなければいけない行政課題について対応が後手後手に回るようになります。もうひとつは新しく出現した問題への対応について、官邸の専門知識が足らないために打ち出す政治判断がちぐはぐなものになります。

コロナの場合、増大した感染者を受け入れる病院側の体制をどう整えるかとか、感染拡大に伴う医療崩壊を防ぐために陽性患者の自宅待機に踏み切るのかの判断や、学校閉鎖にともなう代替教育プログラムをどう用意するかといった行政課題について、各省庁が先回りをして創意工夫をもった政策立案をしなくなります。

政権がオリンピックを優先した3月24日までの期間はコロナを声高に議論できない空気になりますし、クラスター対策の成果を国会でアピールしている最中には他の感染の疑いがある人まで検査の手が回らなくなります。

そのまま感染者が急増してフェーズが変わり、本来であれば市区町村の保健所が別の対応を考えなければいけない段階になっても、官邸から指示が出るまでは保健所はクラスター対策の決められた作業に没頭する。そうしないと叱られるのです。

官邸の不評を買うという状況は約600人の高級官僚がなんとしても避けたいことです。官僚の世界は減点主義での熾烈な権力争いが行われている世界です。その結果、官僚組織の中核にいる人間は官邸だけを向いて動くようになります。

コロナ対策が後手後手に回る理由

官邸が経験のある政治問題なら、この体制でも比較的うまくやれると思います。経済対策でも金融政策や日銀との協調といったことは早くから動いています。しかし一方で、休業手当や給付金といった中小企業や個人の支援策は、新しくてやり方がわからない課題だからなかなか手を付けられない。

財源がないことに詳しい実力者の意見が経済担当の大臣を押し切ると、それで政策が決まります。その政策も支持率と選挙を念頭に置くせいで迷走します。「風俗営業は給付金の対象から外れます」と言って炎上する一方で、支援者の多いパチンコパーラー業界は三密状態を長く放置したり休止勧告が遅れたりといったちぐはぐなことばかりが起きます。

コロナは人類社会にとってもまったく新しい問題なので、ひと握りのリーダーに最良の方法がわかるわけではない。突然、学校を休校にすると宣言して後から学童の問題や保護者の負担が大きくなる問題がわかったり、特措法を成立させた後でその法律では最終封じ込めに必要なロックダウンができないことがわかったりするわけです。

そのうちに感染者が増加していき、人工呼吸器が足りなくなるという当初からわかっていた問題が浮上してくるのですが、そもそも人工呼吸器の増産準備ができていない。アメリカではトランプ大統領が国防生産法に基づきGM（ゼネラルモーターズ）に人工呼吸器の増産要請を早い段階からしていますが、日本ではトヨタなどのメーカーが「手伝わせてほしい」と言っても、厚生労働省の基準を変える準備ができていないため、すぐには何もできません。

マスクを作りたいという国内企業もたくさんありますが、機械の導入に踏み切れないというボトルネックがあります。これは特例で単年度償却を認めたら一斉に参入が起きるはずですが、そういったアイデアというものは各省庁の官僚の側からでないと出てきにくいものです。

早くから言われていた医療崩壊を防ぐ対策として遠隔医療の規制緩和なども必要なのですが、報酬体系や点数など既存の仕組みを変えないと結局は患者が病院に通わなければいけなくなってしまいます。どうもこのあたりのスピードが遅い。勝手なことを進めると官邸から叱られるという事情はわかりますが、それにしてもと思います。

孫正義さんが不足する消毒用アルコールについて海外から大量に供給をとりつけたのですが、厚生労働省の認可に1年かかるという理由でそれは別の国にまわってしまいました。医療で使われる製品なので品質チェックが重要だという意見はわかりますが、なぜ審査に1年かかるのかは不思議です。

そういった品質チェックにこだわるのであれば、衛生用品のマスクも本来は製品パッケージに品名、対象、素材名、抗菌剤の種類と製造業者名などを明記するルールもあるわけです。アベノマスクについてはそれらの情報は政府が不開示を決めています。だったら輸入アルコールの審査短縮だって官邸で決められるように思うのですが、このあたりがとにかくちぐはぐです。

そしてこのようなちぐはぐな現象は、実は、オーナー経営者企業の多角化事業で、私たち経営コンサルタントが過去に何度も見てきた状況ととても似ています。実際には官邸といっても内部に派閥や権力闘争があってオーナー企業のように一人に最高権力が集中しているわけではないのですが、官邸をオーナーとみなせばその下で起きるちぐはぐな指揮という点では現象は類似しています。本質的には「官邸主導で1府11省2庁をコントロールする」というやり方では、各専門分野の創意工夫は起きません。

つまり官邸の判断が悪いのが問題なのではなく、2014年から始まった新しい政治の仕組みが問題の本質で、その政治システムが新型コロナに対する政府の対策をちぐはぐにさせているというのが私の見立てです。

ですから、この状況はコロナ収束後の不況でも変わらないでしょう。本来打ち出さなければいけない経済対策に官邸トップが二の足を踏めば、それだけ不況は長引きます。

余談ですが、政府のコロナ対策について『羽鳥慎一モーニングショー』が非常にわかりやすくその問題点を追及しています。おそらく背後では官邸から干された官僚たちが問題点をリークしているのだと思います。官僚がゲリラ的にしか政府と対峙できない。寒い時代だと思います。

いずれにしても、この仕組みが存続する限りは、日本政府は指導者が入れ替わっても同じ混乱を繰り返すはずです。むしろリーダーシップの強い別のリーダーが登場し、官邸の力がより強大になったら混乱が今よりも拡大する可能性がある。本質は政治構造の問題なのです。だから未曾有の新しい脅威の下では、政権の愚策が続く状況はこれから先も変わらないと予言されるのです。

そして本質的に怖いことは、官邸は支持率を政策の判断基準に置かざるを得ない点です。感染を抑え込みすぎると経済が死ぬ。経済を優先すれば感染が広がる。これは感染による死者を極小化すればいいという話ではありません。そのときに、

「支持率を見て決めていこう」

というスタンスは決断を常に2週間遅らせます。決断がぶれればそれが4週間になる。緊急事態宣言の前がその状態でしたが、緊急事態宣言後も同じぶれが危惧されます。

そしてその先に予測されるのが、この章で予言した日本経済の未曾有の経済災害です。

コロナショックは期間限定の災厄だが……

さて、この章で述べてきたようにコロナショックに関しての予測として、２０２０年と２０２１年の２年間、世界中の人々はかなりの我慢をしなければならないでしょう。ただコロナに関して言えば２年程度で終わることも確実です。そしてアメリカや中国、ＥＵはそこから徐々に経済も社会もＶ字回復を見せていくと思われます。

問題があるのは実は日本です。日本経済の前にはコロナショックのように期間限定の災厄だけではなく、それに続くもっと構造的な長期の経済問題が立ちはだかっています。そして日本の対応はそのどれについても後手に回りそうです。

それがどのような問題なのか、なぜ起きるのか、そしてそれをどう止めるのかについて、以降の章で見ていきたいと思います。

第2章

なぜトヨタは衰退するのか

テクノロジーの進化から未来が予測できる

コンサルティングファームで教えられた未来予測の技術の中で、重要なもののひとつがテクノロジーに関する未来予測術です。複雑な部分を省いて要点だけをお伝えすると、〝確実に実用化されることがわかっているテクノロジー〟によって〝それがいつ普及して、どう社会を変えるのか〟に注目することがポイントです。

先にこの章の結論をお伝えすると、その技術を使うと、コロナの影響があったにもかかわらず２０２０年３月期に過去最高水準の業績を上げるであろうトヨタが、「２０３０年には衰退するであろう」ことが予言できる、という話です。

ただその話に一足飛びに行く前に、まずはこの予測術の前提となる考え方を理解していただきたいと思います。

実用段階に入ったテクノロジーから未来を予測する話の具体例を挙げましょう。１９９５年にカシオがＱＶ10というデジタルカメラを発売しました。世界で初めて商用レベルで成功したデジカメだといわれています。

デジタルカメラというテクノロジーはそれよりもはるかに昔から存在しました。その端緒ともいわれるのが、１９８１年にプロトタイプとしてソニーが発表した「マビカ」というカメラです。「写真はフィルムに収めるのがあたりまえだ」と考えられていた当時に、写真をアナログ方式でフロッピーディスクに保存する技術を世に出したのです。

１９８１年時点のデジタルカメラはまだテクノロジーとしては実用段階ではありません。そういったことができるということを世に知らしめた点ではマビカは技術史上重要な存在ですが、まだその当時の近未来を大きく変える商品ではありませんでした。

その後、実用化に向けて長い研究段階が続き、画素数の問題、保存に使うフラッシュメモリの容量の問題、パソコンで読み込んで加工するファイル圧縮技術の問題などが段階的に解決され、それで登場したのが１９９５年のカシオのＱＶ10でした。そこまで実に14年の研究期間がかかっています。

未来予測という観点でいえば転換点となるのがこの１９９５年です。このＱＶ10が世に出た瞬間に、10年後にはデジタルカメラが業界の主流になることが予測できるのです。

ＱＶ10は画素数でいえば25万画素と、今のデジカメと比較すれば非常に粗い写真しか撮れません。しかしハードウェア的には半導体技術の塊のような製品であり、ソフトウェア的にはデジタル圧縮技術を基にした製品で、かつ実用的にはパソコンに取り込んで使われる製品なので、そこから先の進化は「ムーアの法則」でだいたい予測できることがわかっていました。

ムーアの法則とは半導体の性能向上に関わる経験則で、ひとことでいえば半導体製品は1年6か月ごとにその性能が倍になるという法則です。

このムーアの法則を前提にすれば、1995年時点で「10年後の2005年までにはデジカメの機能がフィルムを追い抜くから、フィルム業界は衰退するだろう」という経済予測が成り立ちます。

フィルムメーカーが消滅した理由

若い読者の方は写真フィルムといってもピンとこないかもしれません。昔は写真にせよ、映像にせよ、レントゲン写真にせよ、薄いプラスチックフィルムの上に化学薬品を何層にも塗り固めたフィルムを用いていました。

このフィルム産業というのがグローバル経済の中でも非常に高収益な産業で、アメリカのイーストマン・コダック、日本の富士フイルム、コニカ、そしてドイツのアグファといった限られた数のフィルムメーカーによって寡占《かせん》されてきました。

高度な技術が必要なうえに市場が寡占されていることで、写真用のフィルムは非常に高収益な商品でした。家庭用の24枚撮りのフィルムは製造原価が十数円にもかかわらず、ホームセンターやスーパーでは特売でも1本400円ぐらいの高価格で売られている。高度技術が必要なため新規参入ができず、寡占されているので値崩れしないのです。

DPEと呼ばれる写真を現像してプリントするサービスも以前はフィルムメーカーの系列写真店が行っていて、これもフィルムメーカーの収益源だったのですが、1995年当時になると1枚10円で現像焼き付けをしてくれる格安DPEチェーンが登場します。

すると経済というものは面白いもので、フィルムメーカーにとってはDPEからの収入は減る一方ですが、ユーザーが撮る写真の枚数が激増することになって、フィルムの需要も激増。結局のところ1995年当時のフィルム業界は〝我が世の春〟とでもいうべき状況を謳歌していたのです。

その当時、私たちコンサルタントが、

「デジタルカメラが出現したことで、10年後のフィルム業界は大変なことになるんじゃないか」

とフィルムメーカーの幹部に提言をしたことがあります。そのときの反応は今でも鮮明に覚えているのですが、今風の表現をすればまったくの塩対応でした。

「知ってるよ。あんなものおもちゃだよ」

というのが彼らの反応でした。言い換えると、まったく未来に対して危機感を持っていなかったということです。

過去最高益で、グローバルなフィルム需要が増加している状況下では、未来予測の専門家に10年後は危ないのではないかと言われても経営幹部たちにはピンとこない。本書を読むにあたってはこのことをよく記憶しておいていただきたいのですが、今でもこれがテクノロジー変化に見舞われている業界関係者のほぼほぼ大多数の反応です。

もちろん、トップや幹部の中には危機感を共有することができる人は結構いらっしゃる。でも、部課長クラスや現場になると「危機感なんて言われるけどぴんとこない」と真顔で言う人が多数派になっています。逆に、本当の経営危機がくるとこういった層がまっさきに「危機だ」と叫びだす。組織というものはだいたいそのようなものなのです。

さて、その後のデジカメは5年後の２０００年には２００万画素に進化をし、家庭用カメラの主流の座を勝ち取ります。そしてプロが使う一眼レフカメラもデジタルへと進化して、フィルムは急速に衰退していきます。

２００5年には業界のデジタルシフトは不可逆な状況となり、そして、世界最高の収益を誇るブルーチップ（優良株）と呼ばれたイーストマン・コダックが消滅するのが２０１２年。富士フイルムやコニカミノルタは企業としては生き残りますが、フィルム産業という世界の主要産業はデジカメの登場から10年で衰退し、15年でこの世から消滅したのです。

テレビ市場における日本メーカーの転落

この教訓から学ぶべきことは、実用段階に入った新しいテクノロジーによって10年後に消滅する製品は高い確度で予測できるということです。

類似例を挙げましょう。同じ１９９０年代終盤のテレビ業界はソニー、パナソニック、東芝、日立、三菱といった日本メーカーが世界の市場を寡占していました。

一方でこの時期、「10年後には薄型大画面テレビが登場してブラウン管にとって代わる」ということが予測されていました。液晶やプラズマディスプレイの大型化に関するテクノロジーが実用段階に入ったからです。

その当時、ソニーのテレビが一番高級品として売られていた理由は、ソニーだけがトリニトロン技術という特許を持っていたからです。ソニーのブラウン管テレビはその技術力で他のどのテレビよりも画質がいい。実際、家電量販店でもソニーのテレビの実勢価格が一番高い。そのような時代でした。

しかし、1998年から2000年頃には、2010年までにはテレビ業界の市場シェアは激変するだろうことがわかっていたわけです。実際、そのような未来を見据えて液晶ではシャープが、プラズマディスプレイではパイオニアが、新技術での業界構造変化に向けた大規模投資を続けていたのです。

2020年になってみると、その予測が現実になったことは誰の目にも明らかです。結果はシェアが激変するという事前予測通り、ただし日本人が想定していた中では最悪の形で現実になります。

世界の売上高ベースでのテレビシェアの半数は韓国のサムスンとLG電子がおさえ、中国メーカーが二番手に躍進します。直近では数量ベースでは中国勢が韓国勢と拮抗《きっこう》しています。そのようなシェア変動の中で、日本のテレビメーカーは業界全体で見れば十数％の占有率と、グローバル経済においては衰退への道をたどるのです。

この間、一時期はシャープが液晶テレビの世界で新しいブランドを築いて成長する局面もあったのですが、最終的にシャープは台湾の鴻海《ホンハイ》の傘下に入り海外系の企業へと位置づけが変わってしまう。東芝のテレビ部門もブランドは生き残りますが中国企業へと売却される。そのような大変化が起きました。

まだ「次世代の有機ＥＬ分野でソニーが強い」という望みが残されているのが救いですが、ここで重要なことは、「このような変化が起きる」と１９９８年頃の段階で予測されていたことがその通りになったということです。

任天堂の経営危機とＶ字回復が示唆するもの

もうひとつ例を挙げましょう。２００７年にiPhoneが発表されました。それを境に世界はスマートフォンの時代を迎えます。その直後に予測されたのが任天堂の衰退です。

当時の子どもたちはＤＳというポータブルゲーム機でゲームを楽しんでいました。そのＤＳを発売し、世界中で一番売れているゲーム会社が任天堂でした。その任天堂人気がポータブルゲーム機に支えられている以上、スマホの登場でその地位が危うくなることは当然のように予想できたわけです。

その当時のゲーム業界の新しいトレンドは、ネットワークにつながったガラケーの上でアイテム課金で儲けるダウンロード型ゲームでした。そのビジネスモデルへの移行期にあって任天堂はその波に乗り切れていないことから、当時は私も「このままでは任天堂は危ない」という予測をたてました。

任天堂の業績は２００８年度の連結売上高１・８兆円をピークに、スマホの普及とともに激減します。２０１１年度には売上高６５００億円で営業赤字に転落し、そこから３年連続の営業赤字の時代を経て２０１６年度には売上高４８００億円まで事業規模が縮小していきます。

スマホ出現で予測された任天堂の経営危機は、その後の９年間、予測通りになったのです。

ただしこの予測話にはオチがあります。10年後の２０１７年度に任天堂は業績のV字回復を果たし連結売上高1兆円を達成。それから２０２０年3月期まで3年連続で増収増益決算を迎えます。「任天堂がつぶれるのではないか」という予測を公表していた私の予言は大きく外れてしまったのです。

このエピソードは「日本が壊れていく10年間」において日本がどう生き残ることができるのかについて、ふたつの示唆があると思います。ひとつは、技術について予測される破壊的な10年後の未来は実際に10年後には訪れるということ。そしてもうひとつは、その危機を企業は乗り越えることもできるということです。

任天堂の勝ち残りのエピソードについては後の章であらためて紹介することにして、この章では本題である「トヨタの２０３０年が危ない」という話をしていきたいと思います。

トヨタが危機にあると言われる背景

「確実に実用化されることがわかっているテクノロジー」によって予測される10年先までの未来は、高い確度でその通りになる。その予測術に基づいて考えると、日本を代表するトップ企業であり、ＧＤＰの面でも雇用の面でも日本経済を牽引する重要企業であるトヨタがこれからの10年間で大きな経営危機を迎えることが予言できます。

トヨタが危機を迎える原因は、ふたつのテクノロジーの進化にあります。

ひとつめの要因は、世界的な電気自動車への移行の潮流です。重要な要素としては地球温暖化防止の世界的な取り組みがそのきっかけとなっています。２０１５年に採択されたパリ協定により新しい温室効果ガスの削減目標が設定される中で、ガソリン車は今後、段階的に廃止される方向でルールが決められました。

この地球温暖化に対する動きは、必ずしも先進国において一枚岩ではありません。産油国であり同時に世界的な自動車製造国であるアメリカは、２０１７年にドナルド・トランプ大統領が早くもパリ協定からの離脱を表明しました。アメリカは最後までガソリン車の製造と使用を続けそうです。

日本はそもそも政策的にはアメリカ寄りですし、世界中から批判を受けても石炭火力発電所技術の輸出に国として力を入れているような状況なので、ガソリン車についても将来的にはアメリカ同様の立場をとるのではないかと私は思います。

一方でヨーロッパはドイツ、フランス、イギリス、イタリアという自動車産業が強い国々が率先してパリ協定を粛々と進めようとしています。そして、意外なことに中国もそれにならってパリ協定の目標を前倒しで達成しようと動いています。

ヨーロッパと中国の動きは、それだけ地球環境の問題が後戻りできないところまできているることを見据えているからです。特に首都北京でマスクが手放せないぐらい大気汚染が進んでいる中国は電気自動車の普及にはとりわけ力を入れています。

電気自動車の普及を妨げているのは、主に電池性能に起因する走行距離の問題や充電時間の問題、そしてそれに付随する充電ステーションなどインフラの普及の問題です。これらの問題はテクノロジー的には実用段階に向けた技術課題なので、それぞれが漸次《ぜんじ》改善していくことで、10年後の２０３０年頃には電気自動車が自動車産業の主役へと躍り出ることが予想できます。

トヨタにとって都合の悪い競争ルール

この変化がトヨタをはじめとする自動車メーカーにとって都合が悪いのは、これまで自動車メーカーを外部との競争から守ってきた参入障壁が壊れるからです。

これまで業界の外から他の会社が自動車業界に参入してこなかった最大の要因は、エンジンの開発に高い技術力がいるからです。そして、エンジンを中心に非常に多い部品点数をコンパクトなボディに詰め込むためには、多数の部品メーカーと垂直統合型と呼ばれる協業をしながら自動車を設計開発する必要がある。だから、これまではエンジンを開発できない企業が自動車を発売することは不可能だったのです。

ですから高い技術力を持った大企業でも、ブリヂストンは自転車は発売できても自動車は作れない、同様にヤマハもオートバイは発売できても乗用車には参入が難しいのです。

ところが電気自動車はエンジンを必要としないうえに、ガソリン車と比べて部品点数が驚くほど少ない。ですから部品を購入してきて独自に設計しても自動車が出来上がってしまう。実際、アメリカの自動車産業ではイーロン・マスクが起業したテスラモーターズが台頭し、少なくとも株式の時価総額ではGＭやフォードを上回る存在にまで大きくなりました。また中国には60社もの新興電気自動車メーカーが誕生しています。

つまり世界が政策的に電気自動車の普及に動く以上、これからの10年間で自動車産業は新規のライバルが大量に出現する環境へと変化するのです。

もうひとつのテクノロジー進化は自動運転技術の実用化です。今でもドライブアシスト機能と呼ばれる自動ブレーキや、先行車を自動的に追随してくれるクルーズコントロール機能が搭載された自動車が販売されていますが、自動運転技術の目指すところは「セルフドライビングカー」の実用化です。

運転手不在でも一般道路を走行してくれる完全自動運転車は２０２０年代前半、おそらく２０２３年頃には市販されることになると予測されています。そしてトヨタにとっての問題は、そのような自動運転車のコア機能である人工知能の開発に、トヨタよりもずっと資本力に優れたＡＩ企業がつぎつぎと参入しているということです。

そしてそれらの企業がトヨタよりも先に、品質的に優れた自動運転の人工知能を外販する。もしそうなったら、どうなるのでしょうか。

実はこれは１９８０年代のパソコン産業に起きたのと同じ状況が繰り返されることになるのです。

コンピュータ業界では１９６０年代から70年代までは、垂直統合型のビジネスモデルでハードウェアからソフトウェア、周辺機器までを開発していたＩＢＭが業界一強状態でした。ところがパソコンを発売する際にＩＢＭがＯＳをマイクロソフト、ＣＰＵをインテルから外販してもらう決定をしてしまった。そのとたん、誰でもＩＢＭ互換パソコンを販売できるようになったのです。

そしてパソコン産業自体が水平分業型産業へと変貌してしまい、ＩＢＭと同じ部品を調達すれば誰でも同じ性能のパソコンを製造販売できることになってしまいました。そのことでＮＥＣ、富士通、東芝、ソニーといった日本のハードウェアメーカーは軒並み収益性が悪化するとともに、ＩＢＭは収益低下をみこんでパソコン事業をさっさと中国のレノボに売却してしまいます。その一方で、マイクロソフトとインテルは時価総額でＩＴ業界のトップへと躍り出ることになりました。

アイリスオーヤマの乗用車がホームセンターで売られるようになる

電気自動車に自動運転機能が搭載される時代には、これと同じことが自動車産業に起こりえます。コア部品であるＡＩと全固体電池を購入すれば、どの企業でもハイエンドな自動車を設計できるようになる。すると自動車業界の構造がパソコン業界のように変わるのです。

そうなればいずれ、ホームセンターや家電量販店で中国の新興メーカーに製造委託した自動車が売られる時代がやってきます。パソコンやデジタル家電で起きたのと同じ未来が自動車業界にもやってくるのです。

デジタル家電の代表格である大画面テレビについていえば、今ちょうどドン・キホーテやホームセンターでプライベートブランド（ＰＢ）的に65インチの４Ｋテレビが10万円前後で売られていますが、それらの製品は家電量販店で30～40万円台で売られている大手ブランド品と性能がそれほど変わりません。10年後の自動車市場はこれと同じ状況になるでしょう。

トヨタのレクサスが５００万円だとして、もしそれと同じ乗り心地のアイリスオーヤマの乗用車がホームセンターで１００万円程度で、ドン・キホーテやヤマダ電機でも同様にＰＢ商品の乗用車が80万円で売られるようになったら、みなさんはどちらが売れると思いますか？

「いや、命を預ける商品だったらやっぱりトヨタしかないだろう」

と考える人はちょっと考えが古いと思います。自動運転車は安全なのです。

アメリカでは２０１８年にウーバーが運営する自動運転の実験車が死亡事故を起こした

ことが社会問題になりました。そのことで「自動運転車は危ない」という世論が沸き起こったことは事実です。

しかしアメリカでは年間3万7000人が交通事故でなくなっています。うち歩行者は6000人。そもそも自動車事故は人間がうっかりミスを犯す方が、AIの判断ミスよりもあきらかに起きやすい。

ウーバーの事故は後になって検証してみると、センサーを切って走行していたうえに、非常ブレーキを担当していたはずの肝心の人間の運転手がスマホゲームに興じていたことで起きた事故と判明しています。完全自動運転車が市販される時代にはAIの性能は完成していると考えるべきで、その時代には交通事故の数は2020年と比較して激減しているでしょう。

その時代に消費者にとって重要なことはブリヂストンやダンロップのような快適なタイヤが使われていて、サスペンションが心地よく、車のシートが快適な乗用車であるかどうかです。

そしてもうひとつ消費者が比較する点は、AIがトヨタ車のようにトヨタ製であるか、それともホームセンターやドン・キホーテで売られている車のようにグーグル製であるかの違いでしょう。

そしてご家庭ではご主人は500万円のレクサスを買いたいと思うのですが、奥様は100万円のアイリスオーヤマの乗用車で十分だと考えるとしたら？　それはトヨタにとってとても脅威となる未来ではないかということです。

自動車産業がCASEで変わる意味

さて、自動車業界ではこのような未来を見据えて「CASE」というコンセプトで自動車産業の進化を捉え、対策を練っています。Cはコネクテッドつまり自動車がネットワークにつながること、Aは自動運転（Autonomous）、Sはシェア（共有）、EはEV化つまり電気自動車へのシフトです。

この4要素のうちA（自動運転）とE（EV化）がトヨタをはじめとする大手自動車メーカーにとっての競争優位を揺るがす以上、生き残るためにはC（コネクテッド）とS（シェア）で進化を遂げることが重要だという認識が広がっています。

では、それによってトヨタは生き残ることができるのでしょうか。ここに大きな矛盾点が存在します。CとSについて日本の自動車メーカーは後ろ向きなのです。

日本国内でよく言われることは「自動運転車時代には自動車の中で行うことが運転ではなく別のものになる。だからCの要素として音楽などのエンターテインメントコンテンツの流通や、自動車の行き先のレストランの提案といった広告要素に自動車会社が力を入れるべきだ」ということです。しかしそれは中国やアメリカのIT大手が推進するコネクテッドのビジョンとは大きく異なるものです。

本来のコネクテッドとは中国の杭州市でアリババが実証実験を行っているような、都市交通システム全体の最適化制御を、市内を走行する無数の自動車から得られるビッグデータを活用しながら実現していくといったデジタルチャイナ的な未来ビジョンです。これが日本では行政の協力も遅れていて、少しずつしか手がつけられない。「やっているといえばやっています」程度のやれる範囲内でしか進めることができません。だから自動車メーカーは「コネクテッドとはコンテンツだ」という消去法で、できる範囲内の研究開発しか行うことができていないのです。

S（シェア）のほうも同様で、ウーバーが始めたライドシェアの追求は本来、自動車メーカーが真剣に検討する要素のはずなのですが、ライドシェアが進むと不都合なことに自動車の販売台数は大きく減少すると予測されています。さらに日本では白タクとライドシェアを同一視するというタクシー業界からの反発があって、ウーバーすらアメリカのような事業展開ができていない。だから日本の自動車メーカーは、ＣとＳに実際には力を入れることができていないのです。

つまりＣＡＳＥのＡとＥで競合障壁を壊されるうえに、活路であるはずのＣとＳについてはグローバルＩＴ企業ほど力を入れられていない。この状態にこそ、トヨタを筆頭とする日本の自動車産業が世界的に衰退していくという未来予測の根拠があるのです。

そもそも日本の自動車メーカーのライバルであるアメリカのテスラモーターズは、商品開発思想自体がＣＡＳＥを見据えています。たとえば自動運転のためのＡＩやソフトウェアはダウンロードによってアップグレードが可能な設計になっています。また充電池もリプレイスすれば新型と同じ性能になる。そのような開発思想で商品を提供しているのです。

その一方で、日本車は新商品が誕生したとたんに過去の製品が陳腐化するスタンドアローンの設計思想で開発されている。経営コンサルタントの視点でみると「なんて手前勝手な開発方針なんだろう」と思えるほどの違いです。

実際に頭で考えてみるだけでわかることですが、2020年に販売している最新のトヨタ車は、2025年に完全自動運転車時代がくれば性能的に完全に時代遅れになります。テスラモーターズの設計思想であれば、2019年に購入したテスラ車は2025年にはそうした新しい性能をソフトウェアのダウンロードやハードウェアの交換で実現できるように開発されています。しかしトヨタ車はそうではない。

今売られているトヨタ車の消費者にとってのリスクは、数年後の買い替えの際に明らかになるでしょう。急速に性能が向上する時代のパソコンの買い替えでは、「1995年に発売されたパソコンを2000年に下取りしてもらおうとしたら、お金を払わないと引き取ってもらえなかった」ということがありました。これと同じことが起きる恐れがあるということです。

2025年頃の中古車市場がとんでもない状況になることがわかっているのに、2020年時点で経営陣がそれを問題だと発言してもいないし、消費者の不利益を回避するための行動も起こしていない。

目先のことしか考えずに経営を行っている企業から衰退する。私が予測の際に重視しているのは、このような兆候が会社全体に感じられるかどうかです。

トヨタの足かせとなる雇用責任

さて、２０２５年から２０３０年にかけて、トヨタが衰退を避けられない最大の障壁と予測されるのが雇用です。自動車産業はその裾野の広さから製造部門が88万人、資材部門が51万人、販売・整備部門が１０３万人と合計で２４２万人の雇用を支えています。

これはわが国の就業人口の４％弱を占める数字です。自動車産業が脱ガソリン車へと舵を切りＥＶ化が時代の流れになってしまうと、その雇用が失われてしまう。国家としての大問題です。

実は電気自動車化の動きについては、１９９０年代にアメリカのＧＭがカリフォルニア州で推進し始めたＥＶ１という製品が、ユーザーから圧倒的な人気を得ていたにもかかわらず不可解な形で取りやめになるという陰謀論のような事件が起きています。

これは『誰が電気自動車を殺したか？』というドキュメンタリー映画にもなっている有名な話です。

電気自動車化は雇用が失われる、ガソリンの需要が失われる、どちらの視点で考えてもアメリカの政治家が強い圧力をかけてくる要素がたんまりとある。そしてGMの電気自動車プロジェクトは実際に閉鎖へと追い込まれました。〝陰謀論のような〟と言いましたが、現実にはつまびらかにされていない官僚やロビイストによる陰謀が存在したはずです。

これと同じで、もしトヨタが本気でCASEへと舵を切ろうとすると、そこに立ちはだかる最大の障壁はおそらく政府と官僚ということになるでしょう。表面的には協力を約束しながら、実は変革に向けたラスボスとして屹立《きつりつ》するのは日本政府とアメリカ政府になるのです。

そして両手両足に巨大な足かせをつけたままトヨタがあがき続ける2020年代に、それを横目にアメリカと中国の巨大IT企業はデジタルトランスフォーメーションの旗印の下で完璧なCASEのビジネスモデルを確立することになるでしょう。

あくまで2020年時点での未来予測技術から導出されたロジックではあるのですが、ここまでの状況的にトヨタの衰退は避けがたいものと読み取れるのです。

自動車産業の5つの未来

さて、トヨタが衰退する一方で自動車産業自体は大きく変貌し、そこには新しいビジネスチャンスと新しい成功者が生まれ、発展を遂げるはずです。

すでにここまでで述べたようにＥＶ化にともなって進化した電池やモーターなどの部品メーカーや、電気ステーションのようなインフラ企業が発展するでしょうし、自動運転化で需要が増える部品としてはＡＩだけでなく自動運転の眼となるライダー、レーダー、センサー、車載カメラなどの重要部品のビジネスチャンスが広がります。

そして重要なのは、その先にさらに大きなビジネスチャンスが広がっているということです。ひとつのチャンスだけでアマゾンやグーグル級の企業が新たに誕生するぐらいのポテンシャルがある。そのようなビジネスチャンスが、大きいものだけで5つあります。それをこの章の後半で提示するとともに、なぜそのビジネスチャンスをトヨタがむざむざと見逃すことになるのか、その理由についても検討していきたいと思います。

都市交通の制御というビジネスチャンス

ひとつめの領域は都市オペレーションです。わかりやすくたとえると、ＪＲ東日本が鉄道網で行っているのと同じような役割を道路網で担う、都市交通制御のビジネスモデルにトヨタが進出することです。

２０２０年代後半に実用化されるであろうコネクテッドカー時代においては、都市を走行する無数の車がキャッチした画像情報がビッグデータとして集められ、そのことによって都市ネットワークの最適化制御を行うことができます。

先に触れたように、中国の杭州市ではアリババがテクノロジーパートナーとなって、市内を走行中の乗用車から吸い上げられた画像情報の分析をもとに、都市の交通制御の最適化の実験をすでに始めています。目指すところは増加の一途をたどる乗用車によって発生する市内の渋滞の撲滅と、自動車物流網の最適化です。

そもそも信号は渋滞をなくすことにも渋滞を発生させることにもつながります。日本では信号のオペレーションはこの数十年で進化して、たとえば東京都内の交通はかなりスムースに流れるようになってきました。

その一方で、都心の道路でもかなり先までずっと青信号なのに１か所が赤信号になっているることでムダに車が止まっているような状態もまだ散見されます。ようやく信号が変わって動き出すと、それまで青だった前方の信号がすべて赤になる。ドライバーからみれば不合理な状況です。

ビッグデータをＡＩが処理する未来では、このような状況が逐一、中央のコントロールルームで把握されます。そして、そのコントロールを変えることによって交通量が改善するかどうかを実験しては、ＡＩが学習を繰り返すことで、人間がコントロールする以上に都市交通が最適化する。中国で現在進行形で行われているのはこのような実験です。

さらには、この運行コントロールネットワークは都市の安全インフラや社会インフラにも使われるようになります。市内を走行している乗用車からの情報がすべてビッグデータとして吸い上げられるということは、その車載カメラの画像がすべて監視カメラとしても利用できるようになることを意味します。

事故や犯罪が起きたときや、災害が起きそうなとき、映像からいち早く状況を察知し、いち早く対策に乗り出すことが可能になります。

変わったところでは、そういった情報をゲリラ豪雨のリアルタイム情報として活用するという用途が検討されています。これはコネクテッドカーのワイパーの速度をＡＩが把握することで、都内のどこにどのようなゲリラ豪雨が発生しているのかをリアルタイムで把握できるという考え方です。この技術を使えば、雨が降りそうな日の近所のおでかけの際に傘が必要かどうか、つまり5分後、10分後のピンポイント天気予報にも活用できます。

２０３０年代の世界中の都市では、増加する自動車が逆にカギとなって、交通が最適かつ快適に運行され、都市の安全が守られ、さまざまな情報として活用されるようになる。その状況を都市ごとにコントロールするグローバルな交通制御ビジネスが、２０２０年代に生まれるまず最初の新しいビジネスチャンスになるのです。

物流の最適化ビジネスの可能性

さてそのような状況が生まれた前提で、次に生まれるさらに重要なビジネスチャンスが、人の流れや物流との連動です。わかりやすく言えばトヨタがヤマト運輸やアマゾンのようなロジスティクスのビジネスに進出することです。

車が移動するのは社会や経済活動からみればあくまで手段で、目的は人がどこかを訪れることだったり、物を届けることにあるわけです。この人や物の移動にはまだまだムダがたくさんあって、それを減らすことに大きなビジネスチャンスがあります。

たとえばビジネスパーソンのスケジュールのムダがあります。ビジネスの打ち合わせに関しては、ビジネスマナーとして5分前には到着して定刻に会議や打ち合わせができるようにするというルールがあります。

私たちはその習慣に沿って、アポイントがあるとかなり早めに取引先に行って、そこで5分から15分ぐらい時間をつぶしてから仕事にとりかかるということを日常的にあたりまえのように行っています。

コネクテッドカーとスマホのスケジューラーが連動する未来では、このような人の流れが最適化できるようになります。

「来客がすでに近くまで来ています。打ち合わせを12分前倒しにしましょう」

というようにスケジュールコントロールをＡＩが行うことで、お互いに仕事のムダ時間を減らすことができるようになります。

この隙間時間の撲滅は、ビジネスパーソン全体で考えるともの凄く大きな生産性改善になります。たとえば1日4件のアポでわずか5分ずつムダが減っただけでも、1週間では100分の節約、1年間ではおよそ80時間の節約ができます。年間2000時間労働を前提に考えれば社会全体で4％の生産性向上につながります。

人の生産性以上に、コネクテッドカーの情報連動を通じた生産性向上につながるのは物流インフラでしょう。車の動きについてのリアルタイム情報が把握できてそれをコントロールできれば、そこに物流の新しいビジネスチャンスが生まれます。これは現在ＩｏＴの実用化として考えられているサプライチェーン全体の最適化の重要機能でもあります。

拠点から拠点へとモノの移動が最適化されることで、工場の稼働率が向上したり、小売店や飲食店での販売機会損失が撲滅されたりといったことが物流ネットワークの性能向上を通じて実現するようになるのです。

2020年2月のコロナウイルスの騒動では都内から使い捨てマスクが消えました。政府が「週産1億枚体制で増産しているので、来週には販売店の店頭に届けられる」と言ったにもかかわらず、4月に入ってもマスクはどこでも品切れです。医療現場でするマスクがなくなり、政府が400万枚を強制的に買い上げて病院や感染拡大地へ届けなければいけない始末でした。ＩｏＴの進んだ10年後の社会ではこのような社会不安はなくなります。

さきほど説明した都市制御のビジネスでは公共的な観点から都市全体の最適化の実現を目指すと説明しましたが、物流ビジネス機会という観点でいえば公平よりもプライオリティレーンの運用を視野に入れたほうが収益機会は大きくなるでしょう。

プライオリティレーンとは、鉄道でいえば特急や特別快速のような運行であり、物流でいえばプライム会員特典の即日配達や、冷凍配送、定温配送などのように付加価値をつけた運送を社会インフラに組み込む考え方です。

複線や複々線の鉄道同様に、都市の道路網も二車線、三車線が普通です。レーン全体を公平に使って都市物流を最適化するのもひとつの考え方ですが、一般道の道路網をあたかも仮想的に一般レーンと高速レーンが混在するかのごとく制御することも２０３０年代のインフラ技術なら可能になります。

そして、それぞれのレーンにおいてはその利用料の価格が異なる。そうなることで物流を急ぐ顧客や特別の温度条件が必要な顧客からは高付加価値の報酬を、物流は一般の速度とクオリティで構わない顧客であれば一般料金をとればいいのです。

車が人や物を運ぶ手段であることを考えれば、ＩｏＴを含めた都市物流コントロールの利益は、次世代のインフラにおいては自動車メーカーが一番取り込みやすい可能性があるものだと思います。かつ、この方面の進化は社会経済全体でも大きな利益を生む源泉になる重要分野なのです。

自動車メーカーが電力会社になる日

3番目のビジネスチャンスはエネルギーです。トヨタが東京電力のような電力会社になることをイメージした話です。

車がEV化することとは、自動車単体でみればガソリンから電気にエネルギー源が変わることですが、それが社会全体に広がるとEV化によって新しい電気インフラが誕生することになります。

一言でいえば、車庫に待機している電気自動車はクリーンエネルギーを蓄えるエネルギータンクになるのです。

日本は世界的にみると太陽光発電や風力発電のようなクリーンエネルギーにおいて後進国になりつつあります。高いコストの太陽光パネルに対して政府が補助金を出し、そこで作られた電気を割高な価格で電力会社が買い取る仕組みになっている。だからなかなかインフラが普及していません。

ところがこの間、グローバル社会では太陽光パネルの性能は向上し、今では中国製の新しいタイプの太陽光パネルの発電コストは火力発電を下回るところまできています。

しかし、こういったクリーンエネルギーは「電力としての質が悪い」という理由をつけて電力会社が買い取りに後ろ向きになっている。世界的にみるとこの状況認識も正しくはありません。

中国では、ゴビ砂漠やタクラマカン砂漠に歴史上かつてないほどの規模の大規模ソーラーパネル発電所の建設が進んでいます。これによって中国のいくつもの中核都市の電力需要がすべてまかなえるほどの規模です。

しかし都市部から何千㎞も離れた砂漠で電力を作っても、電力網で移送するうちに電力損失が起きてしまう。だからそういったことは現実的ではないと日本人は考えてしまいます。

ところが中国はこういった点でとても革新的です。彼らがやったことは、ゴビ砂漠から中国沿岸部までの送電網を世界初の１００万ボルトの超高圧送電線網に変えてしまうというアイデアです。

交流電流は高電圧になるほど損失が少ない。このようなかつてない規模の高電圧網を新設することによって、砂漠で作られた電力は瞬時に大陸を横断して低損失で都市部へと送られます。

ＥＶ化が進めば、たとえば郊外や農村部のＥＶユーザーとソーラーパネルを組み合わせて新しいバーチャルな電力ネットワークを構築することが可能になります。こういった取り組みに後ろ向きな国内の大手電力会社10社を飛び越えて行うか、ないしは取り込んで行うかといった選択肢はありますが、自動車会社がクリーンエネルギーの発電と蓄電の機能を担当することで、日本のそしてグローバルなクリーンエネルギー普及のための中心プレイヤーになる道が開けるのです。

カーシェアのビジネスモデルが意味するもの

４番目のビジネスチャンスはカーシェアです。これはアメリカでウーバーやリフトといったライドシェアの会社が誕生した頃から言われていることですが、車はとにかく走行している時間よりも車庫に止まっている時間のほうが長い。その隙間時間を使って人や物を運んだほうが資産としては効率がいいわけです。

そこに2020年代前半に出現する完全自動運転技術が加われば、みなさんが持っている車が自動で隙間時間にお金を稼いでくれる、つまり「車に仕事をさせる」ことができる時代がやがてやってくるはずです。

日本の場合は法改正が必要ですが、アメリカをイメージしてお話しすればこのような未来像です。

まず朝、出勤のために自動車を使います。市内中心部まで自動運転車に乗って出勤したとします。これまでは会社の駐車場に車を置いて夕方までそのまま車を寝かせていたわけですが、新しい時代には車から降りたらすぐにその車をウーバーにつなげて自動走行で市内を走らせます。

あなたが働いている間に、あなたの車はいろいろな場所でウーバーのユーザーを拾って目的地まで送り届けるようになります。そのように車にも仕事をさせることで、昼間の隙間時間に自分の車にお金を稼がせることができるようになります。

これは実は自動車会社にとって、自動車の販売台数に大きな影響を与える未来です。

そもそもウーバーによれば、世の中がカーシェアだけの時代がくれば自家用車の台数は10分の1に減るそうです。タクシーという概念がなくなり、道路を走る無数の自動運転車の中で空いている車をスマホアプリでつかまえてそれに乗って人々が移動できる便利な社会であれば、わざわざ運転する機会が少ない自家用車など買う必要がないという理屈はわかります。

一方で「とはいえ自分の車は欲しい」と思う人も一定数います。頭の中では割高だとわかっていても、私の場合も都心住まいなのに自家用車を所有して、乗るのは週末だけで走行距離も年間2000㎞以下というムダ使いをしています。

しかし、たとえば月曜日から金曜日までは私の車が勝手に車庫を出て、無人でお金を稼いでくれるとしたらどうでしょう。いろいろなところで人を乗せてちゃりんちゃりんと少しずつお金を稼いでくれる。それで金曜日の夜にはカーウォッシュのお店に勝手に立ち寄って外側も内部もきれいに掃除してもらったうえで、土曜の朝には自宅に戻っていてくれる。

そうやってライドシェアで毎月3万円ぐらい稼いでくれるのであれば、2030年の未来でも私は引き続き車を所有したいと思うであろうし、他の人もそうだろうと考えるわけです。

そう考えるとライドシェアと白タクの綱引きの問題はウーバーとタクシー業界の間の対岸の火事ではなく、むしろ自動車会社が率先して取り組む新規事業領域であるべき分野です。言い換えると、トヨタがウーバーになることを検討すべき余地がおおいにあるという話なのです。

製造販売からサブスクモデルへの事業転換

最後の5番目のビジネスチャンスがサブスクです。これは言い換えるとトヨタがNTTドコモやソフトバンクになることを意味します。

この章の中盤で、自動車業界が今おかれている状況は1980年代のパソコン業界に似ているという話をしました。2020年代を通じて自動車業界はハードウェアを販売するメーカーの収益率が下がっていき、部品メーカーのほうが収益性が高くなるというこれまでなかった構造へと変化することでしょう。

そこで考えたいのが「ではパソコン業界では誰が儲けたのか？」という話です。

さきほどはＩＢＭパソコンの普及によってＣＰＵを供給するインテルとＯＳを供給するマイクロソフトが世界的な時価総額トップクラスの大企業へと成長した話をしました。しかし実はそれだけではありません。

この話をする際にちょっとだけ回り道をするのをお許しいただきたいのですが、それは「今、世界で一番売れているパソコンは何か」という話です。

実は世界で一番売れているパソコンはiPhoneです。「いや、それパソコンじゃないし」とおっしゃるかもしれませんが、それこそがスティーブ・ジョブスの戦略だったのです。

かつて画期的と言われたアップル社のパソコン・マッキントッシュはウィンドウズに模倣され、世界的なベンチャー企業から倒産寸前のパソコンメーカーへと転落するという時代をアップルは経験してきました。

どんなに画期的なパソコンでもビル・ゲイツにまねされると売れなくなるということを経験したジョブスが思いついたのが、「携帯電話のふりをしてパソコンを販売する」ことだったのです。

最初はソニーのウォークマンのライバルとしてiPodを発売し、やがてその機能拡大版であるかのごとくスティーブ・ジョブスが発表したのがiPhoneでした。ここでマイクロソフトが気づけばその後の展開も違っていたのですが、マイクロソフトの追随がなかったことが功を奏して、iPhoneは世界一売れるパソコンの地位を確保し、アップルは時価総額世界一の大企業へとV字回復したのです。

さてスマートフォンがパソコンであることに気づくと、それを手掛かりにもうひとつの事実に気づくことができます。

今の日本で時価総額トップ10の顔触れをみるとNTTドコモ、KDDI、ソフトバンクの3社が入っています。親会社のNTTとソフトバンクグループもトップ10に入っていますから、よくよく考えたら日本の時価総額トップ10の半数は携帯電話会社とその親会社だということです。

一方でスマートフォンを製造しているメーカーでは、スマホ製造部門が構造的な赤字を生んでいるようです。同じ時価総額トップ10に入っているソニーですら、スマートフォン部門はお荷物になっている。

つまりハードウェアの製造では儲からなくなったパソコン業界でも、月額いくらといった形で利用者を囲い込んでいる会社はめちゃくちゃ儲かっているのです。

そう考えてみるとトヨタにとっての財産は、年間1000万台の乗用車が売れているという事実ではなく、世界中で累計1億台のトヨタ車を所有しているユーザーがいるという事実のほうであることがわかります。これはトヨタが細々とやっているKINTOというサブスクモデルの未来にある成功モデルであるともいえます。

携帯電話会社のビジネスモデルが、ハードウェアがアップル製であれソニー製であれサムスン製であれ中国のスマホメーカー製であれ、消費者がそれらを自由に選んだうえで結局はソフトバンクやドコモと契約をするように、今のうちに自動車産業のビジネスモデルも変わったほうが自動車会社にとってはいいことを示唆しています。

トヨタがそう変わることができれば、ハードウェア事業の利益率が極限まで低下する未来でも、トヨタは時価総額トップ10の一角に生き残ることができるかもしれないのです。

2020年代にトヨタが衰退する最大の理由

さて、なぜトヨタが2020年代を通じて衰退するのか、最後に予言の要点をまとめてみましょう。

実はこの本の最後の章で「トヨタが衰退するのではなく、これらの5つのチャンスを手に大きく発展する未来がありうる」という話をします。ただそこに至る道はトヨタにとっては劇薬です。おそらくそれは実行できない。その観点も含め、このままのやり方で進めばなぜトヨタが衰退するのかを、この章でまとめておきます。

自動車業界では世界的にＥＶ化と完全自動運転化というふたつのテクノロジー面での進化が起きます。その結果、自動車業界は垂直統合型の参入障壁で守られた業界から、水平分業型でコア部品メーカーが儲かり完成車メーカーが儲からなくなる事業構造へと変化します。

さらにＣＡＳＥと呼ばれるビジネスモデルの力点の変化が起きることで、従来型の自動車メーカーとしてのビジネスモデルが陳腐化し、新しい成功者たちが支配する世界へと自動車業界が変化するのです。

その変化の中でなぜトヨタが衰退すると決まっているのでしょうか。最大の根拠はトヨタが戦略的な資源配分をできない会社だからです。

まだこのような状況になるよりも前、リーマンショックの少しだけ前の話です。トヨタの上級役員の方が「選択と集中という考え方はトヨタには向いていないのではないか」と私たちコンサルタントに議論をもちかけたことがあります。

その方の論旨を正確にお伝えすると、「何かに注力するのではなく、やるべきことをすべてをきちんとやることでトヨタは成功している。特に近年はやることが増えてきたが、それらすべてに対応できているからこそトヨタは強い」という話でした。

当時は日産が回復したとはいえかつての勢力はなく、ホンダが元気がないといわれ、三菱が不祥事で迷走していた時期の話です。他社が何かに注力してトヨタを追撃しようともトヨタは負ける気がしない。彼の話の背景にはそのような事情がありました。

それは、私たち経営戦略コンサルタントがライバル会社の耳にどんなアイデアをささやこうともトヨタは怖くはないという話でもありました。

そして私も「この方がおっしゃっているのはトヨタ経営陣の本音なのだな」と思いました。実はこの考え方は経営戦略論的にはふたつの点で非常に正しかったからです。

ひとつはトヨタは世界でもトップの自動車会社です。戦略の定石としては他のメーカーが差異化でチャレンジしてくるところを、トップのトヨタは同質化ですべて受けてたつことが経営戦略としては正しいのです。

そしてもうひとつは、今世紀に入って経営戦略の性質がケイパビリティ戦略重視にシフトしたことです。これは主にＩＴの影響なのですが、販売方法、話題作り、プレミアム車のレンタルやシェア、会員組織作りなど戦略変数としていろいろとやることができる要素が増えてきた。だから企業トップは、これまで以上にさまざまな事柄に目を光らせてきめ細かく対応していかないと生き残れない時代がやってきたのです。

ですから日産やホンダと戦うには、目の前のやるべきことをすべてきちんとやるという姿勢がトヨタの経営にとってはとても重要だった。ここまでは間違っていないのです。

ところがその後、トヨタの戦略論の転機となったのは２０１２年、深層学習が実用化されＩＴの世界がＡＩの世界に変質したことです。

そのことによって完全自動運転が実用化の視野に入ってきた。そしてそのビジネスチャンスにグローバルのＩＴ大手が一斉に目を向けたことが時代の転換点となる前提条件の変化です。

グーグル、アマゾンといったＡＩ大手の年間の研究開発費はトヨタの倍の規模です。そして彼らはそのほぼ全額をＡＩの研究に注ぎ込める。一方でトヨタは１兆１０００億円の研究開発費の一部しかＡＩないしはＣＡＳＥの開発に注ぎ込むことができない。

これは、歴史上はじめてトヨタが自分よりも資本力が大きい競争相手に向き合ったことを意味します。

この章で自動車産業には5つの未来のビジネスチャンスがあるという話をしました。完全自動運転の頭脳であるＡＩや、電気自動車のコアパーツである全固体電池、それ以外のさまざまな自動車部品を外販すること（これはソニーが家電メーカートップから転落した後に部品メーカーとして返り咲いたのと同じシナリオですが）を含めれば、6つのビジネスチャンスと言ってもいいかもしれません。

そのどれかで勝つためにはトヨタの規模ですら選択と集中が必要です。理由はそれぞれの選択に必要となる資本の規模がかつてない金額規模に跳ね上がっているからです。グーグルやアマゾン、アリババですら6つのビジネスチャンスに対して全面戦争は展開できない。その意味で戦略上の選択が企業の未来を変える正念場がきているのです。

にもかかわらず、トヨタは選択をしていない。

だから、今のトヨタが２０３０年にどのような姿になっているのかが周りの誰にもイメージができていないのです。

おそらく２０３０年の自動車業界ではＡＩをはじめとする自動運転のコアパーツは大規模投資でライバルを引き離したグーグルやテンセントのようなＡＩ企業が支配し、電池はパナソニックがアメリカや中国の新興電池メーカーに必死に追いついていくような競争状況になっているでしょう。

２０３０年の都市制御については、国土交通省が中国からの国家レベルの技術供与を得て、東京が上海のような先進都市を目指す取り組みを始めます。その時期の都市全体、産業全体のサプライチェーンの最適化は個別にはグローバル運輸会社が、全体的にはグローバルＩＴ企業がその利益を手にするでしょう。

車を個人で買う人口は激減し、日本のカーシェアのインフラはウーバーやリフト、ディディが、車の利用窓口は彼らのエージェントである携帯電話の契約ショップがその役割を果たしていることでしょう。

もちろんトヨタは自動車を作り続けてはいるでしょう。世界で一番車の製造に優れているというポジションは維持できているかもしれません。しかし、10年後の未来においてはハードウェアの製造事業はもはや自動車産業全体のコアビジネスではありませんし、中国製の電気自動車と製品的に差異を出すことも難しくなる。２０３０年のトヨタは、２０２０年のソニーのスマートフォン事業のような苦しい地位へとすべり落ちていくと予測されるのです。

第3章

気候災害の未来はどう予測されているのか

グレタさんがあんなに怒っている理由

「なぜグレタさんはあんなに怒っているのだろう」

気候問題の国際会議を訪れては怒りの発言を繰り返す17歳のグレタ・トゥーンベリさんを見て、大半の人はそのような疑問を持つかもしれません。

しかしあまり知られていない事実があります。温室効果ガスによる地球温暖化で、私たちの未来がどのような世界になるのかは、科学的な研究とシミュレーションでかなり詳しくわかっています。同時に、人口問題と同じくらい、気候問題の行く末は正確に予言されている。それを知ったら、グレタさんの怒りは正当な怒りだと思うようになるかもしれません。

そもそも温室効果ガスの現状を数字として把握している読者の方はほとんどいないのではないでしょうか。パリ協定では地球温暖化を抑制するために各国がさまざまな削減努力を行うことを決めていますが、その効果としては温室効果ガスの増加ペースを落とすことまでしかできません。

実際、映画『不都合な真実』がヒットして私たちの地球環境に対する関心が高まった今世紀初め頃の二酸化炭素濃度は、世界平均で370ppm程度でした。それから20年かけて温室効果ガスは着々と増加していて、直近の公表数字（2018年平均）では過去最高の408ppmに到達しています。

太陽光発電などのクリーンエネルギーを増やしたり、LED照明など電気の使用量を減らす省エネ機器を導入したり、ありとあらゆる努力をしても、2100年には地球温暖化ガス濃度は700ppmに増え、そのときに地球の平均気温は4・2度上昇するとされています。

2100年などというと遠い先すぎてイメージがわかない方には、2040年頃には地球の平均気温が2度上昇すると言ったらもっと現実味がわくかもしれません。そしてこの「2度上昇」という水準は、科学者によれば地球環境変化がもう後戻りできなくなる閾値《いきち》にあたるというのです。

そして近年の「過去に例のない規模の気象被害」と報道される甚大気候災害ですが、過去に例がない一方で、その到来自体は20年前から予測されていました。20世紀末から今世紀初頭にかけて、地球温暖化の議論がさかんになった頃の話です。

当時、日本ではスーパーコンピュータ上で稼動を開始した「地球シミュレータ」が、このまま地球の気温が上昇すると20年後にはどのような未来になるかをシミュレーション予測し、その結果をメディアが何度も報道しました。

私が不思議に感じるのは、２０１０年代に入って地球温暖化の影響と思われる気象災害が相次ぐようになった頃には、こういった近い未来のシミュレーションがあまり報道されなくなったという点です。

思いつく理由は「気象災害が将来の予測であった頃は警鐘という意義があったけれど、予測通りの災害が起きるようになった今、その内容を報道することはいたずらに人心を不安にさせることになる」といった報道側の配慮があるように思います。

ただ最大の問題はそれくらいシミュレーションの予測が現実化して、世界規模で予測が当たっていることです。

今世紀初頭の地球温暖化予測で警告されていた〝今の危機〟

２００６年に大きな話題を呼んだドキュメンタリー番組がありました。『気候大異変』という日米共同制作の番組です。この番組は当時の京都議定書を受けて、このまま地球温暖化が進んだら将来の気候はどのように変わるのか、日本が誇るスーパーコンピュータによる地球シミュレータの計算をもとに地球の未来を大胆に予測した番組です。

この番組、巨大台風、集中豪雨、熱中症の増大など、近年問題になっている異常気象を先取りして予測したという点で非常に興味深い番組でした。番組はＤＶＤ化されていて私もこのＤＶＤは何度も見直しているのですが、その予測について「改めて恐ろしいな」と思える箇所がいくつもあります。特に興味を引かれた箇所は、そこで予測されている内容と、２０１９年に関東、甲信越から東北地方を直撃した台風19号の被害とが合致している部分です。

日本が誇るスーパーコンピュータが「これから到来するであろう過去になかった規模の台風被害」をどう警告していたのかを振り返ってみたいと思います。

番組は２００５年8月に大西洋で発生したハリケーン・カトリーナの動画から始まります。カテゴリー5という巨大なハリケーンがいかに大きな被害を与えたかを伝えるとともに、「ハリケーンの巨大化には地球温暖化が関係しているのではないか？」という問題を投げかけています。まだ温室効果ガスの増加と気候変動の関係が議論の真っ最中だった時代の番組なのです。

　この問題を取り上げるのは地球温暖化の権威であるＩＰＣＣ（Intergovernmental Panel on Climate Change：気候変動に関する政府間パネル）前議長のロバート・ワトソン博士。博士は先進国すべての国が当時の京都議定書が定めた5％の削減目標を達成し、さらにより効率的な環境対策をとりいれることで、１００年後の二酸化炭素濃度は７００ｐｐｍまで抑えることができるようになると言います。

　これはかなり意欲的な温室効果ガスの削減策で、実際はその後、京都議定書もパリ協定もアメリカが脱退するなど歩調は合わず、温室効果ガスはより多く大気中に放出され続けています。一方で２００６年の番組では、この仮定で地球シミュレータが計算した地球気候の未来がどうなるのかを紹介していきます。

　この楽観的なシミュレーションの前提の下でも、この章の冒頭で述べたように２０４０年代に地球の平均気温は2度上がり、２１００年の地球の平均気温は２０００年と比較して４・２度も高くなります。

　１００年の長期では地球温暖化の影響は壊滅的なものになり、21世紀初頭に設定された意欲的な取り組みでもそれは止めることができない。そこで冒頭の話に戻ってグレタさんが何について怒っているのかの話です。

気候変動の結果、私たちの生活を脅かす5つの災厄が科学的に予言されています。豪雨災害の甚大化、熱波の到来、疫病の増加、飢饉、そして海面の上昇です。このうち前の3つは2020年代を通じて、そして後のふたつも2040年までには私たちの未来に甚大な影響をもたらす変化になると予測されています。科学者の予測到達年の近い順にみていきましょう。

予言されていた高緯度地域のハリケーンの出現

まずひとつめの予測は豪雨災害の増加です。この予測について2004年頃のとても興味深いエピソードがあります。

当時、地球シミュレータを設計した科学者たちはまずこのシミュレータが現在の気候を正しく再現できるのかどうかを検討したのですが、このときにある事件が起きます。2003年、試験稼動を始めた地球シミュレータでは、なぜかこれまでハリケーンが発生したことがない南米沖の温帯地域に熱帯低気圧が発生したのです。

　これは計算結果がおかしいのではないかと科学者たちは捉えていたのですが、２００４年の夏の終わり、現実にブラジル南部のサンタカタリナ州に観測史上初のハリケーン級の巨大な熱帯低気圧が発生したのです。

　地球シミュレータは、２０２０年までに日本でも台風や集中豪雨といった豪雨災害が大規模化することを予測していました。

　地球の気温が高くなることで大気の配置が変わってしまいます。具体的には日本列島では梅雨前線が年々南側に抑えこまれるようになります。

「長雨の影響で九州を中心とした西日本で雨量が増加することがわかります」

と番組内でワトソン博士が地球シミュレータについて語っている状況は、２０１０年代の台風や豪雨被害の分布が実は西日本のほうに多くなっている事実と一致しています。

　そしてこのような雨量の地域差はこれから先、日本以上に中国の内陸部のほうが顕著になるそうです。具体的には中国南部は大雨が降る地域になる一方で、中国北部では砂漠化が進むという予測です。

　さらに地球シミュレータによれば雨量よりも問題なのが雨の降り方で、具体的には1時間あたり30㎜以上の雨が降る豪雨の頻度が日本全体でこれからの100年の間に7割も増えるというのです。言い換えると日本全域で「雨が降るときには集中的に激しく降るようになる」ということでしたが、この予測も2010年代になってゲリラ豪雨という言葉で的中するようになりました。

スーパータイフーンの日本上陸が早くも現実のものに

そして2019年10月の台風19号の被害も地球シミュレータは的中させます。温暖化が進むと海面の温度が高くなることで、勢力の大きい台風が発生しやすくなります。地球シミュレータの計算によれば、台風などの熱帯低気圧は世界各地で勢力を増すと予測しています。シミュレーションというのは将来のいつどこに台風が発生するかを予測するものではありません。将来どのような規模の台風が発生するようになるのかを示すのがシミュレーションです。

シミュレータはハリケーン・カトリーナと同じカテゴリー5の規模の巨大台風、スーパータイフーンが日本に上陸することを予測しました。番組放送当時は「これはかなり先の未来に起こりうる予測です」という紹介だったのですが、そこで取り上げた台風の規模は皮肉なことに２０１９年に東日本を襲った台風19号と瓜二つでした。

「日本の台風観測史上ほとんど例のない、ハリケーン・カトリーナに匹敵する勢力」とナレーションされた台風は、地球シミュレータの画像では西日本全域を縦断する形で四国、中国地方を中心に甚大な被害をもたらします。上陸の直前まで中心気圧が低いままを維持した結果、莫大な雨量をともなった巨大台風として上陸するのですが、このシミュレーション結果も台風19号と完全に一致しています。

そのためこの台風は猛烈な雨を降らせるのですが、シミュレーション上では四国の山間部で最も多い雨を記録します。その雨量が8月の1か月の雨量を上回る６００㎜。２００6年当時は「すごい」と思ったのですが、読者のみなさんはよくご存じの通り、今回の台風19号は雨量としてはさらに上をいき、箱根で48時間累計で１０００㎜の雨量を記録しています。同時に、甚大な河川決壊被害をもたらした千曲川や阿武隈川の上流地域では、このシミュレーションと類似した６００㎜レベルの雨が降り注いでいます。

国土技術政策総合研究所では「もしこの台風が実際に四国を襲ったらどうなるのか」についてもシミュレーション分析をしているのですが、それは吉野川の堤防に大規模な決壊をもたらし、市街地に流れた水流は５８００haもの広さの住宅街を水に浸からせるとしています。まさに今回の台風がもたらした災害と同じ結果です。

京都大学の研究者が予測したカテゴリー５の台風がもたらす風による被害も甚大で、家屋の屋根が飛び、電柱が倒壊し都市部に大規模な停電が発生するとしています。「日本の都市部ではこれまで経験したことがありません」と流れるシミュレーション映像を目にすると、２０１９年秋の台風15号が千葉県にもたらした大規模な停電の様子や、台風19号による千葉県市原市の竜巻被害とまったく同じＣＧ映像が２００６年当時のシミュレーションで描かれていることに気づきます。

２０１９年の台風15号での千葉県の停電被害は長期間にわたり、非常に多くの人々の生活に影響をもたらしました。そうなった結果は山間部の倒木にあるようです。首都圏の山間部に張り巡らされた送電網がこれだけの規模の台風に遭遇するのは初めての出来事で、山間部で倒木が相次いだ被害であるがゆえに送電網の回復には非常に長い時間がかかったのです。

「これはあくまでも地球シミュレータが計算した架空の台風です。しかし将来はこうした最大級の台風がより頻繁に出現し、日本のどこかを襲ってもおかしくないのです」

そう番組が警告した未来は2019年に現実のものとなったのです。

対策も先進的な日本。首都圏を守る「地下神殿」

ただこの番組が警告する豪雨災害について、日本がいかに優れているのかを感じさせる数字があることも事実です。2005年のハリケーン・カトリーナでは1800人の尊い命が失われました。1991年にカテゴリー5級のサイクロンがバングラデシュを襲った際の犠牲者は14万人にのぼりました。理由はバングラデシュの海沿いの町の家屋は1階建てで、2階建ての避難所の数が足りないからです。

意外に思われるかもしれませんが、海外の識者からみると、東京は地球温暖化による水害対策が世界で最も進んだ先進都市だと認識されているようです。その根拠のひとつは通称「地下神殿」と呼ばれる首都圏外郭放水路があるからです。

台風19号が上陸した10月12日、秩父山系では降雨が集中し、気象レーダーによる観測地図ではその大量の雨量が下流域に大きな水害をもたらす可能性を示唆していました。結果的に大規模な浸水被害から下流域を守れたのはこの地下神殿がフル稼働したからだといわれます。

地下神殿こと首都圏外郭放水路は地下50mにある巨大空間で、長さは6・3㎞。埼玉県春日部市を中心に国道16号線直下にその貯水池が広がります。集中豪雨などによる増水時には5か所ある巨大な立坑から地底に大量の水が流し込まれます。

そして集められた水は様子をみながら、強力なポンプで江戸川に放流されます。このポンプは1秒間で25mプールを空にするほどの性能だといいますから、その規模と性能の凄さがわかります。

地下神殿がフル稼働したのは2015年に鬼怒川が氾濫した関東・東北豪雨に続いて今回が2回目ということですが、2019年の稼動時には江戸川も水位が上昇していたために、その運営もぎりぎりのバランスをとりながらの対応だったといいます。

この地下神殿は規模的に世界最大級であり、巨大プロジェクトとしても最先端の設備で、世界的にその効用が注目され研究されています。10年以上かけて完成した巨大プロジェクトですが、首都圏が水害を恐れるようになるよりも早い時期にそれが完成して稼動したということは、発案者に先見の明があったということだと思います。

しかし今回の台風被害でも大きな課題を残した水害対策として、地下神殿は未来の救世主になれるのかというとそれは難しいものがあります。

予算と労力が無限にあればよいのですが、問題はそのどちらも制約となることでしょう。千曲川、阿武隈川、鬼怒川といったすべての巨大河川に地下神殿を造ることができれば、将来の台風対策にはなるでしょうけれども、一方で埼玉県の地下神殿の工事費は総額で2300億円です。財源は限られていますし、国民視点でいえばさらに増税して財源を確保するというのも難しい。

つまりこれだけの巨額の建設費がペイするのは、下流域が首都圏という巨額の資産価値を持つ巨大都市だからこそかもしれません。地下神殿をインド、タイ、インドネシアなどアジア各国の巨大都市が研究するのはわかりますが、日本各地に地下神殿を建設するというのは難しいことです。

これから先、ハリケーン、タイフーン、モンスーン、サイクロンなど呼び方はさまざまですが、これまで経験したことのない規模の巨大台風が世界の先進都市を襲う日がくることが予測され、そのときの予想被害は日本の比ではない、計算不能の被害をもたらすとされています。

そして巨大台風だけではありません。ゲリラ豪雨などの集中豪雨が日常化することも予測されています。実際には台風よりも集中豪雨のほうがより深刻な被害を被災地にもたらすこともわかっています。

過去20年間のわが国の気候災害について、行政の行ってきた治水対策には一定の成果があったといえると思います。しかし、２０１９年の台風では多くの一級河川はぎりぎりのところで持ちこたえたにすぎません。そこから先の未来はまだわからないのです。

2020年代に日本を襲うと予測される「熱波」

さて、これからの２０２０年代には、気候異変という観点ではさらに新しいタイプの災害が起きることが予測されています。それが地球シミュレータが予測する2番目の災厄である「熱波の到来」です。

熱波は、どちらかというとわが国ではこれまで気候災害として捉えてこなかった災害です。今でも「過去最高気温を記録した日に熱中症で搬送される人が増えた」というようなニュースが報じられるのですが、逆にいえばその程度の問題だという認識にとどまっているものです。

しかし地球規模でみると熱波の影響は違います。2003年にはヨーロッパを大熱波が襲いました。この年、パリが一番多くの熱波の被害者を出し、フランス国内の犠牲者は実に1万5000人にものぼりました。地球温暖化を止めるためのパリ協定が結ばれた原動力は、パリが一番の被災地になっていたことが少なからず影響していると私は考えています。

この熱波が2020年代にはいよいよ東京や大阪など日本の大都市を襲うようになるというシミュレーション予測があります。

私たちが「真夏日や熱帯夜が多い」とか「今年は熱中症患者が多いな」と思っていると、実は被害はそのレベルではなかった。「それが日本を初めて襲う記録的な熱波だった」と後年言われるようになるかもしれない。そのような災害がこれから到来することが予測されているのです。

私たちが熱波について備えにくいのは、それが4年から7年に一度起きるといった形で、発生間隔がとても長い災害だという特徴があるからです。たとえば2018年の夏は熱波ではないにしろ非常に暑かった記憶があるのですが、それと比較すると2019年の夏は少なくとも8月の前半まではそれほど暑くはなく、例年に比べるとすごしやすかった。つまり温暖化が進む中でも夏の暑さには年ごとのばらつきが大きいのです。

実は日本でも熱中症の死者数は増加しています。１９８０年代までは毎年ほぼ一桁で、最大でも１５０人程度だったのですが、２０００年以降は毎年２００人を超え、２０１０年以降は毎年５００人以上、２０１０年、２０１３年、２０１８年の３つの年においては１０００人を超えています。

ただ、２０００人を超えた年はまだない。そういった暑い夏、すごしやすい夏などが何年か交互に続いた後に、突然ある年に過去日本が経験していなかった規模の熱波がやってくる。最高気温が40度を超える日が1週間以上続くといった出来事です。

そしてこういった熱波が到来したときには、クーラーのない部屋で生活をしている高齢者がつぎつぎと病院に搬送されるようになります。かつて日本で経験したことがないほどの規模でそれが起きるのです。

いつ日本のどの地域でそれが起きるのかはわかりませんが、そういったことが起きる年が２０２０年代のうちに2回ぐらいはやってくる。そのような予測があるということを今のうちに私たちは理解し、備えておくべきだと思います。

経験のない疫病発生のリスク

さらにこれからの10年間で現実化するといわれているのが、3番目の災厄である疫病の蔓延です。

2020年2月以降、中国の武漢市を発生源とするCOVID-19という新型コロナウイルスによるパンデミックが世界を震撼させています。

そもそもウイルスというものは突然変異を起こすリスクを内包している病原体です。新しい病原体の世界的流行というと2003年に大流行したSARS、2009年に発生した新型インフルエンザ、2012年のMERS、2015年のジカ熱の世界的流行や、世界的拡大になりかけた2014年のエボラ出血熱などが思い出されます。

確かに新型ウイルスによるパンデミックは恐ろしいのですが、季節的には冬の伝染病が多く、これまでの例では夏が近づくにつれて鎮静化する傾向にあります。

しかし温暖化という気候の変化は、先進国の温帯の大都市に新たな害虫の発生と伝染病の出現をもたらします。

最近、日本にアジア南方に住む害虫が上陸したというニュースが頻繁にもたらされるようになりました。セアカゴケグモやヒアリといった日本には棲息していなかったタイプの虫たちが、貨物にまぎれて上陸するようになってきたのです。

従来はそのような悪性の外来生物は冬を越すことができずに絶滅するものでした。それが近年、冬が温かくなってきたことで越冬するように事態が変わってきたのです。

２０２０年代を通じて冬がどんどん暖かくなることで、この状況はさらに悪いほうに定着していきます。そうなると怖いのは熱帯の蚊の繁殖です。

日本では蚊はただの嫌な害虫だと思われがちですが、グローバルな常識でいえば蚊は最もたくさんの人類の命を奪っている最悪の生物です。その凶悪さではサメもワニもハイイログマも敵わない。蚊が人間の命を奪う武器は細菌です。

２０２０年代は日本人が免疫を持たないアジアの風土病が日本に上陸すると予測されている年代です。蚊が細菌を持ち込み、それが日本の温暖化した気候の中で定着していく。２０１４年に東京の代々木公園でデング熱の感染事件が起きましたが、あのような事件が頻繁に、そして広域に起きるようになるのです。

２０１５年のジカ熱の世界的流行も不気味な事象でした。日本ではまだ流行するという話は聞きませんがマラリアも怖い病気です。そういった熱帯性の伝染病の不安が2020年代を通じて拡大していくことが予測されているのです。

悪いことに、このような病原体が一番猛威を振るうのは災害時です。つまり台風、集中豪雨、伝染病は、これから先の未来の気候災害でワンセットとして私たちが迎え撃たなくてはいけない新たな敵だということです。

青森県がみかんの産地に変わる日

さて、ここまではこれから10年後、2030年までに起きる気候変動のリスク要素の話でしたが、さらに2040年までの未来予測という観点では別の恐ろしい災厄が問題になります。4番目の災厄として挙げられるのが世界的な飢饉です。

2020年代から気候変動はエスカレーションし始め、2040年頃までにそれぞれの地域で栽培される農作物について、それぞれの地域の気候が不適切な状態へと変わっていきます。

北海道は本州とは違う寒さに強い品種の米が栽培されていますが、その頃にはコシヒカリの有力な産地へと気候が変化することになります。青森県は今、りんごの産地ですが、このまま気候変動が続くとやがてみかんの産地に変わることがシミュレーションで予想されています。

「だったら作物の品種をシフトしていけば大丈夫だろう」

と思うかもしれませんが、そう簡単な話ではありません。日本国内ではコメの品種変更で乗り切れる事態も、南に下ってたとえばメコン川流域など熱帯の穀倉地帯のことを考えたらそれでは済まない事態になります。

りんごの木の場合などは日本でも深刻な問題を引き起こします。木を切り倒してみかんの木に植え替えたとして、それでいったい何年後から収穫できるのかという問題が起きますし、では今みかんの産地の県ではいったい何を植えたらいいのかという問題も起きるからです。

ただですら後継者が不足している日本の農業は、２０２０年代の気候変動に対しては脆弱だと考えておくべきなのだと思います。

世界の穀倉地帯で行われている大規模に地下水をくみ上げる方式の農業は、気温の上昇とそれに伴う水の不足に対してさらに脆弱です。そこに従来の作物が気候的に育たなくなるリスクが発生していく。

多くの農地の地主が、これまでの農作物をあきらめ、経験のない新たな作物の栽培に移行しなければならない。厳密にいえば、そのための土づくりから違ったものになる。

それが世界中で起きるとしたら、その移行が円滑に行われるとは限りません。農業では平均気温の2度上昇への対応はそもそも難しい。その状況下で、世界的にどこかのタイミングで70億人超の世界人口を食べさせることができなくなるほどの不作の年がいずれおとずれると予測されている。これはかなり怖い未来の現実です。

ベニスは水没する運命なのか？

さて最後のリスクの話をします。地球温暖化が進行していることで、世界中の海沿いの都市はどこもいずれ水没する危機にあるといわれています。これが5番目の災厄である海面の上昇です。

世界の沿岸都市の水没は公表されているよりも早く、おそらく2040年頃には大きな問題となりそうです。

そもそも今でも世界中の海面は少しずつ上昇しています。それを堤防を高くすることで対処している。このような対策でこれから10年先ぐらいまでは通用すると考えられています。逆にいえば、当面は海面の上昇による被害は主に気象災害時にしか起きないという話です。

これが2030年代に入ると、いよいよそれでは済まなくなります。地球温暖化の影響は確実に地球上の氷河や氷床を減らしますから、どうしたって海面は上昇することになるのです。

「水の都」ベネチアではサンマルコ広場が「高潮による水没」で数十㎝の高さまで浸水してしまうことがいまや冬の風物詩になってしまいました。ベネチアには冬にシロッコと呼ばれる南からの風が吹きます。そのシロッコの影響で冬に高潮が発生しやすいのですが、そこに大雨が重なると水没が起きるのです。

ベネチアは、中世にモンゴルから来た騎馬民族の襲撃を避けるために、馬が入ることができない湿地帯の先の海の上に杭を打ち込んで築かれた都市のため、温暖化が進んだ場合には真っ先に海に沈むといわれています。

それでベネチアの人々がただあきらめて水没の運命を待っているのかというと、まったくそうではありません。

「モーゼ計画」という壮大な名前の巨大プロジェクトがベネチアで進んでいます。モーゼとはみなさんご存じの旧約聖書の登場人物で、アロンの杖を使って海をまっぷたつに分けた人物として知られています。

このプロジェクトはモーゼのようにアドリア海の海水を巨大な可動壁でせき止めて、高潮の際に海水がベネチア市内に流れ込まないようにする計画です。

「そんな馬鹿な！」

と思うかもしれませんが、イタリア人は本気です。巨大な6階建てのビルと同じ大きさのコンクリートでできた可動式の防潮堤を海中に78個も沈めます。総延長は1・6㎞ほど。その防潮堤内部の空洞部に空気を注入して海水を押し出すと、防潮堤が浮力で浮いて海上の巨大な壁として立ち上がるのです。

実際、モーゼ計画による防潮堤はほぼ完成していて、コントロールセンターが稼動を始めれば当面の間（この先60年ぐらいなど諸説あります）はベネチアを水害から守ることができるようになるようです。ただ残念なことに工期が遅れているそうで、だから最近も水没が起きているのだと思われます。

さて実はベネチアは構造上、アドリア海との入り口が狭い3か所の水路に限られていることから、防潮堤を稼動させることで都市を水害から守りやすいという地理上の利点があります。ですからモーゼ稼動後は、温暖化で水害にあいやすい世界の代表的な都市は、ベネチアではなく、先進国のほかの都市になるかもしれません。

温暖化による海面上昇については、それが起きた場合の経済的被害が計算できない天文学的な規模になる分、これまでの科学者の予測は控えめなものでした。これまでの定説では2100年までに平均海面は1m上昇するだろうといわれていました。

ところが最近の観測ではグリーンランドの氷が溶けるスピードが速まっていることから、2100年の海面上昇は2mに達するのではないかともいわれはじめています。しかもその計算の前提条件を読むと、2100年の地球の平均気温が2度上昇する前提だというのです。

実際には地球の平均気温が2度上昇するのは2040年頃だと現在では予想されています。そして2度上昇した段階で、氷床の消滅はグリーンランドだけでなく、南極でも起こり始めると予測されています。つまり2040年代にいよいよ南極の氷床の消滅が始まるとしたら、本格的な海面上昇は2100年よりもずっと早く起きるはずです。

いずれにしてもニューヨークや東京や大連やシンガポールやマルセイユといった世界の

先進都市のほとんどは沿岸部に発展しています。じわじわと上昇する海水面を堤防で凌ぐには限界があることは事実です。その本格的危機は、残念なことに、どうやら私たちが生きている間に目にすることになりそうなのです。

地球温暖化を止めない人たち

さてこの章でお話しした地球温暖化の未来予測について最後にひとつ、とても重要なことをお話ししておきたいと思います。

地球温暖化を防止するさまざまな施策は、未来を良い方向に変えるためにはあまりうまく機能しないと考えられています。

その理由は、地球温暖化を防止しようとするとエネルギー産業、自動車産業、航空機産業、建築土木業など世界経済の主流派を構成する大企業たちのビジネス既得権に抵触してしまうからです。

実際にそのような企業が大量のロビイストや科学者を雇い、地球温暖化は嘘であるという論陣をはっています。「地球はむしろ氷河期に向かっているのだ」という学説を耳にした人が多いのは、そのような駆け引きが熾烈《しれつ》に行われているからです。地球温暖化は高度な政治問題なのです。

しかし、科学者ではない一般人にも簡単にわかることがあります。それがこの章の前半で述べたような異常気象災害が増加しているという事実です。起きていることは地球温暖化に警鐘を鳴らす科学者の主張と一致している。それを考えると、温室効果ガス対策は全世界で全力でとりかかるべき問題のはずです。

にもかかわらず、世界のどの政府も温暖化防止に向けた取り組みには前向きではありません。日本だってそうです。世界からは「日本はいまだに石炭火力発電所を途上国に売り込んでいる」と批判されていますが、GDPが伸びない中では背に腹は代えられない。ガソリン自動車だって1年でも長く売り続けたほうが日本の産業にはプラスになる。

世界中で利害関係者たちが莫大な資金を背景に政治家に働きかけ、いくら一部の科学者が警告しても、世界のリーダーたちは温暖化の推進派の話にも耳を貸さざるをえなくなっている。政治家には票が重要だからです。

結局のところ、そのような状況を見続けていると、グレタさんが怒るのは無理もないことだと思えます。

第4章

アマゾンエフェクトが日本の流通を破壊する日

楽天市場の試練

アマゾンエフェクトという言葉があります。アメリカでインターネット通販の拡大のせいでリアル店舗を運営する小売店がつぎつぎと業績を悪化させていく現象です。2020年代にはそれが日本にも本格波及すると考えられています。この章では、日本の小売流通業界がアマゾンエフェクトによって破壊されていく順序を具体的に予測していきたいと思います。

さてそのことに先立って、ひとつ触れておきたい話題があります。それが日本のインターネット通販最大手だった楽天市場の混乱です。

2020年2月、楽天市場を運営する楽天に公正取引委員会の立ち入り検査が入りました。前年の8月に楽天が「3980円以上購入した顧客に対し、出店側の負担で一律送料を無料にする」方針を打ち出したことが、楽天の加盟店に対する優越的地位の乱用にあたる可能性があるという判断です。

楽天の三木谷浩史社長は、公取が入ったにもかかわらず送料無料については当初は予定通り実施すると表明しました。「激しい競争を乗り切るにはこれしかない」という理由からです。しかし最終的にはその方針を撤回します。楽天に何が起きているのでしょうか。

２０１９年度決算時の楽天の業績ハイライトのトップページには楽天の主要ビジネスセグメントにおけるきらびやかな数字が並びます。連結売上高１・３兆円、グローバル流通総額19・０兆円、国内ＥＣ流通総額３・９兆円、楽天カードショッピング取扱高９・５兆円、そしてそれぞれの数字は前年同期比で二桁の伸びを示しています。

この数字を見ると楽天は順調に成長しているように見えるのですが、決算説明会資料のAppendixつまり補遺の欄には状況が少し違って見える数字が掲載されています。

国内ＥＣ事業の売上収益は４８５７億円で対前年18％増加しているのですが、営業利益が５１５億円で▲11％減少しているのです。

そして決算説明会によれば、楽天は国内ＥＣ事業不調の背景に消費者の楽天の送料に対する不満があると考えているのです。楽天の資料には「間違えて注文確定ボタンを押してしまったけど、後から送料みたら送料代１３９０円って高（笑）サイズ化粧品なんですけど～」「３００円以下の商品で送料１７００円以上って詐欺まがいの送料」といったなまなましい消費者レビューのコメントが並んでいます。

ライバルであるアマゾンはプライム会員であれば送料無料という条件を武器に日本での勢力を伸ばしています。わかりやすくて安い送料がアマゾン成長の鍵だと三木谷社長は捉えているのです。

しかし楽天の加盟店から見れば、自社で従業員を使って商品を梱包し、それを宅配会社を使って配送しているわけで、荷物の大きさや倉庫の運営状態にもよりますが、段ボールひと箱を発送すれば合計で1000円ぐらいの梱包コストと宅配コストがかかっているわけです。それを一律無料にさせられたらどこで利益を出すのかという死活問題になります。

この問題の本質が何かというと、ライバルであるアマゾンの配送コストが業界の中でものすごく低いということです。これはかつて社会問題になったようにヤマト運輸の配送費を極端に低く抑えてきたからではありません。宅配費用が値上げされた後でもアマゾンの商品ハンドリングコストは非常に低い。なぜかというとアマゾンはトヨタをまねて物流面のカイゼンを何年もの間、重ねてきたからです。

ロボットがうごめくアマゾン倉庫

新幹線で東京から大阪に向かう途中、酒匂川の鉄橋を渡ると巨大な建造物が見えてきます。アマゾンの巨大物流倉庫・小田原フルフィルメントセンターです。関東地方の消費者からの注文はこの東京ドーム4個分の延べ床面積を持つ倉庫から運ばれていきます。

アマゾンはこの倉庫からシッピング（発送）される荷物のコストが1円でも安くなるように、巨額の投資ときめ細かいカイゼンを重ねています。

以前は「作業員が商品をピッキングするのに何秒かかるのか」を業務委託された日通の社員がストップウォッチで計測する形で生産性を向上させていましたが、今ではアマゾンの倉庫はさらに異様な状況になっているそうです。

従業員が商品を取りに動くのではなく、商品の保管してある棚のほうが動いてピッキング作業をする従業員に向かって近づいてくるのです。

世界のどの倉庫かによって構造は違うのだとは思いますが、私が細部を見せていただいた海外の倉庫の動画では、ロボット掃除機のルンバのような機械の上に縦長の直方体の棚が乗っかり、それがピックアップする従業員の前に列をなしていて、商品が取られると次の棚に入れ替わるように動いていました。

要するに従業員の側は目の前にある棚の光っている引き出しにある商品をひたすら抜き取って納品書と突き合わせて箱に詰めていけばいい。棚が動いたほうが自分で歩いて商品を探しに行くよりもずっと効率的にピッキング作業ができるのです。

経営コンサルタント的にマニアックな話をしておきますと、このアマゾン方式だとどの棚に何をしまうかもランダムで構わないそうです。これまでの物流部門の常識では倉庫に保管する商品は、よく売れる（ないしはよく出し入れされる）商品を近くの棚に、年に数回のようにあまり売れない商品は遠くの棚に保管するというように、どう保管商品を配置するかがピッキングの生産性向上のコツでした。

しかしアマゾン方式だと探す手間に大差がなくなるので、とにかく倉庫に入庫された商品をランダムに棚にしまっていっても問題がなくなる。これが一見非常識に見えて理にかなっているということです。

実は経営の世界では、２０００年頃から企業の中の物流部門は「宝の山だ」といわれるようになっていました。それまでの企業の物流部門は極めて生産性の低い世界だったからです。

たとえばアパレル企業の場合、倉庫には商品が段ボール箱に詰められてうずたかく積まれている。コンピュータの在庫表上は商品があることがわかるのだけど、それがどこに置いてあるのかが現場では簡単にはわからなかったりします。

従業員が一生懸命段ボールの山から商品を見つけては販売店に発送する。それにかかるコストも、商品が結局見つからないことによる機会損失も、逆にシーズンが終わってから発見された商品の廃棄ロスも半端な金額ではない。

逆にいえば、そこをカイゼンしていく企業は業績が上がります。小売の世界でいえばアマゾン以外にも、ヨドバシ・ドット・コムがインターネットからの注文に対して都心部であれば翌日中に配達できる速度の配送ネットワークを築いて成功しています。

前澤友作さんが創業したＺＯＺＯも、この物流部門のカイゼンにものすごく投資をして工夫をしてきた。その結果、商品の配送料を一律２００円と非常に安い価格設定に下げることができて、ＺＯＺＯは消費者の支持を得て成長したのです。

アメリカでアマゾンエフェクトがいち早く進んだ意外な理由

さてアマゾンをはじめとする大手インターネット通販の物流コストが、カイゼンを通じて極限まで下がっていくと、その次に何が起きるのか？　これがこの章のポイントです。そこで起きることはアマゾンエフェクト、つまりリアルな小売店の販売コストよりもインターネット通販のコストのほうが低くなることで起きる既存小売店の衰退と消滅です。

２０１９年10月末、銀座、新宿など日本全国に14か所あったフォーエバー21の全店舗が閉店しました。ＺＡＲＡやＨ＆Ｍなどファストファッションと呼ばれる若者向けアパレル業態の一角を占めてきたこのフォーエバー21の経営破綻も、アマゾンエフェクトのひとつの事例だと小売業界では言われています。

同じ２０１９年8月にニューヨークの有名百貨店バーニーズ・ニューヨークも連邦破産法申請を行いました。日本のバーニーズ・ニューヨークは住友商事系のファンドが経営しているためこの決定の影響はありませんが、アメリカではシカゴ、シアトルなど地方の店舗がまず閉鎖して、最終的にはニューヨークの本店も閉店に追い込まれました。

アメリカではこのように非常に有名な小売店ブランドが毎年何社も経営破綻するという状況がもう10年以上続いています。２０１８年にはシアーズ、トイザらス、２０１７年には衣料品大手のザ・リミテッドや子供服最大手のジンボリーなどがそれぞれ経営破綻に追い込まれました。

書店の苦境もアメリカのほうが早く、２０１１年にアメリカ第2位の書店チェーンであるボーダーズが経営破綻し、生き残っている大手チェーンはほぼ業界1位のバーンズ・アンド・ノーブルぐらいだというところまで淘汰されています。

このように店舗型小売業の売上はどんどんオンラインストアに吸い上げられています。

一般に大手小売業態では売上の３割が食われてしまうと、もう利益は出なくなります。たとえば売上の10％超の減少が続いたら3年で３割減に到達しますから、そこから先はもう奈落に落ちていくしかないということになるわけです。

このアマゾンエフェクトですが、これまでは主にアメリカで問題となった社会経済現象でした。というのも全体的にインターネット通販の普及も小売店の倒産も、アメリカのほうが先に進んでいたからです。

アマゾンがアメリカで勢力を拡大した理由には、インターネットの普及、物流への巨額の投資以外にもうひとつ、アメリカ特有の事情がありました。

アメリカでは日本の消費税に相当する州税という制度があって、税率は州によって違うのですが、多くの州で6~8%ぐらいの税金がかかります。しかしこの税制度に欠陥があって、州外から取り寄せた通販商品にかかる州税は、消費者が自分で納税する必要があった。言い換えると、自分から納税しない購入者は州税分をまるまる節約できてしまうザルのような税制度が、インターネット通販が始まった当初にはまかり通っていたのでした。

これがインターネット通販の黎明期においてアマゾンにプラスに働きます。

50ドル(約5500円)の商品をお店で買うと州税が4ドルかかるとします。一方でアマゾンだと当時は配送料が今よりも高かったのですがそれが5ドルだったとします。だったら送料など気にしないと考える消費者が2000年代のアマゾンの通販売上を牽引していました。

やがて通販需要が拡大するとともに送料無料サービスが普及してくると、今度は州税分がまるまる消費者にとって儲けになってしまう。こうしてアマゾンはさらに消費者の間に普及していきます。

そのような背景からアメリカのほうが日本よりもアマゾンエフェクトによる小売店の倒

産タイミングが早かった。一方で、アメリカに比べて日本の小売店はデジタルトランスフォーメーションが遅れている。ですから、日本でアメリカのようなアマゾンエフェクトによる本格的な小売店チェーンの消滅が起きるとすれば、それは２０２０年代だということになるのです。

イオングループから見える日本の小売業の現状

イオンは規模の面で日本最大の小売業グループです。２０１９年度の営業収益（売上高）は８・６兆円。にもかかわらずグループが稼ぎ出す営業利益は２１５５億円と、はっきりいえば業績はぱっとしません。

そして重要なことは日本最大であるがゆえに、イオンは日本の小売業全体の縮図であるということです。イオンは巨大スーパーからコンビニ、ショッピングモールから専門店とあらゆる小売業態を経営しています。

つまりイオンの業績がぱっとしないということは、日本の小売業が業界全体としてぱっとしないということです。もちろん業界他社ではセブン‐イレブンやユニクロのように儲かっている小売業もあります。しかし、なぜ総合小売業が業種としては儲からなくなってしまったのでしょう。

この謎を解く手がかりがイオンの開示資料にあります。イオンは、それぞれ業態の違う会社の業績を細かく開示しています。同時にさまざまな子会社が上場しています。ですから、イオンの業績の詳細を調べると、日本の小売業の何が儲かって何が儲からないのか、その裏側が見えてくるのです。

２０１９年度の決算資料をもとに何が起きているのかをまとめてみましょう。

アマゾンエフェクトの影響を最も受けているのが衣料品や生活用品を含む大型スーパー（ＧＭＳ）業態の苦境です。大型スーパー部門のセグメント営業収入が３・１兆円も売り上げているのにもかかわらず、営業利益72億円しか稼げていません。

これに対して中型の食品スーパーの売上が３・２兆円で、このふたつの業態でイオングループ全体の４分の３近くの売上高を稼ぎ出しているのですが、営業利益は食品スーパーのほうが大きくて２０９億円の黒字決算になっています。

実はこの差はアマゾンエフェクトをどれだけ受けるかの差でもあります。食品スーパーは生鮮食品が売上の中核にある分、インターネット通販の悪影響をそれほど受けないという強みがあるのです。

一方で大型スーパーの場合、生活用品、衣料、寝具、電気製品などインターネット通販に顧客を奪われたり、安売り競争に巻き込まれたりという悪影響を受けやすい商品の比率が高いのが特徴です。

２００４年にダイエーの経営が行き詰まって産業再生機構行きになった際にも、「食品スーパーだけに集中すれば生き残れる」という議論がありました。それくらいアマゾンエフェクトは総合小売業の業績の足をひっぱっているのです。

ところがアマゾンはアメリカでは今後、アマゾンフレッシュを通じて生鮮食料品にも手を出そうとしています。日本でもエリア限定ですでにサービスが始まっていますが、その動きが日本全体に広まったらと考えると、実はこの「食品スーパーは黒字」という状況もいつまで続くのかはわからないのです。

小売では儲からない巨大小売業

イオングループにはコンビニチェーンがあります。ミニストップがそうなのですが、これは日本の小売の縮図と捉えるには展開規模が小さすぎます。2019年度のミニストップの売上高は1934億円で▲30億円の営業赤字と苦戦しています。コンビニ規模的にはセブン-イレブンに大きく差をつけられている存在です。

しかし実はイオンには、ミニストップよりもずっと規模の大きい類似業態があります。それがウエルシア薬局、いわゆるドラッグストアチェーン店です。

アメリカでニューヨークの市街地を歩くとわかりますが、コンビニに代わって日常の小さな買い物の拠点になっているのがドラッグストアです。そしてウエルシア薬局は、アメリカ最大のドラッグストアであるウォルグリーンズのビジネスモデルを参考に日本の薬局を再編した小売業態です。

ウエルシアホールディングスは2016年に売上高でマツモトキヨシを抜いて、現在は日本のドラッグストア業界の首位の地位にあります。ウエルシアの業績は売上高8683億円、営業利益378億円。スーパー部門よりもはるかに業績がいい。コンビニやドラッグストアのように消費者にとって近場で便利な小売チェーンは、スーパーよりもアマゾンエフェクトの影響が少ないといえそうです。

ではウエルシアがイオングループで一番儲かるビジネスなのかというと、実はそうではないのです。イオングループにはそれよりもずっと儲かる３つのビジネスがあります。

実はイオングループで一番儲かる事業は金融事業です。イオン銀行、ＷＡＯＮによる電子マネー決済、クレジットカードサービス、そして住宅ローン。つまり個人と決済をキーワードにした金融事業が営業収益で４８５９億円、営業利益７２４億円とイオングループの稼ぎ頭になっているのです。

時代は確かにフィンテック（金融とＩＴが融合した新ビジネス）の時代です。そしてイオン以外でもセブン銀行や楽天カードなど、小売企業の金融部門は着々と各社グループの中で収益の柱へと姿を変えつつあるのです。

イオングループで２番目に儲かっているのがデベロッパー事業、つまりイオンモールの不動産開発事業です。いい立地を見つけ、土地の権利を手に入れ、銀行資金を引き入れて巨大なショッピングモールを開発する。イオンモールは売上高３２４１億円、営業利益５０８億円とやはり小売業よりも高い収益性を見せています。

そして３番目にこの不動産の管理事業などサービス部門も収益性の面では大きな儲けを生み出しています。イオングループのビル管理事業会社であるイオンディライトは売上高

3086億円、営業利益160億円。小さな企業ですが生み出す利益はスーパー事業部門と比肩できるほどの収益性です。

このようにイオングループは日本の小売業の縮図です。グループ全体を眺めてわかることは、小売部門の収益性がよくないことです。そして食品スーパー部門のように「今はまだ大丈夫」ということでぎりぎりの収益性で残っているビジネスも次は危ない。アメリカでアマゾンがホールフーズを買収したように、日本でもスーパーを買収して参入してくれば、アマゾンフレッシュが食品スーパー部門の収益性を削っていくことになるからです。

さらに残念なことに、小売業をやるよりも、小売業者からお金を得るビジネスをやっている部門のほうが儲かるということです。イオングループの稼ぎ頭がクレジットカードなどの金融事業と不動産事業だという事実は、今の日本の小売業の苦境を一番わかりやすく語っているのかもしれません。

日本で一番収益性が高い小売業態がセブン-イレブンの本部だということからも同様の真実が垣間見えます。セブン-イレブンの加盟店1店1店はどこも疲弊しています。小売業として苦しい。でも本部は小売業者であるオーナーからお金を得るビジネスだから繁栄しています。

すでに日本の小売業界はアマゾンエフェクトが本格化する手前で構造不況業種へと陥っているのです。

ネット通販に食われやすいのはどんな「買い物」か？

さて、私は２０２０年代の日本で本格的なアマゾンエフェクトが起きると予測しています。アマゾンエフェクトといっても日本の場合、楽天、ヤフオクやヤフーショッピング、メルカリ、ＺＯＺＯといったインターネット通販プレイヤー全体の繁栄によってデジタルトランスフォーメーションが進んでいない店舗型の小売店の業績が悪化し、閉店する店舗が増えるという現象になると考えられますが、それがどう展開するのかを予測してみましょう。

まず分析の手掛かりとしてアマゾンのヘビーユーザーがどのようにアマゾンを利用しているのかを見てみます。それでアマゾンのヘビーユーザーに話を聞いてみると、まず前提としてほぼ全員が入会しているのが年間４９００円（税込）のアマゾンプライムです。

アマゾンプライムの会員になると、お急ぎ便の配送料が何度使っても無料になる。ここがアマゾンエフェクトが消費者に広がる入り口で、年会費を払っているとはいえ体感的に送料が無料、しかもアマゾンの場合、返品手続きがとても楽にできることから、とりあえず買うという消費行動が増えるようになります。

中でもアマゾンに食われやすいのが「買い物自体が楽しくない買い物」です。

たとえば、（自分のためではなく）家族のためにビールや靴下や肌着を補充するとか、プリンタ用紙やインクカートリッジがきれて買わなければいけないといった買い物需要です。

これが送料無料になると、外に買いに行くのが面倒なこともあり、アマゾンプライム会員にとってはアマゾン需要にシフトします。これが第一段階で、ホームセンター、ドラッグストア、GMSといった小売チェーンストアの基礎的な売上を削り取るように奪っていきます。

次に、小売店にとって痛手なのは、めったに買わない特別な、ただし金額は数千円程度の小さな商品の購入です。

私が最近買った例でいえば、パソコン2台のモニター切り替え機とか、簡易型のタイヤチェーンとか、室内で素振りをする運動器具みたいなやつです。

だいたいこういうものは小売店からみると買い手に商品知識がないので利幅がとれる価格で売ることができます。

たとえばビックカメラでいえば、大画面テレビやドラム式洗濯機のような高額商品よりも、ＯＡ消耗品のほうが利幅は取りやすい。それで今までは顧客が店頭にやってきて「こんな用途のプリンタ用紙はどこにありますか？」と尋ねて買ってくれていた。

しかしそれが徐々にネットで買うほうが情報も集まるし、製品の選択の幅もネット通販のほうが広いという状況になってきたのです。

アメリカではこの状況はもっとひどくて、たとえばパソコンの周辺機器はもうリアルな店舗で買うことができなかったりします。

実際、昨年のアメリカ出張の際にうっかり日本からＵＳＢハブを持っていくのを忘れ、ノートパソコンでの作業で不便を感じたことがありました。現地で調達できると思ったのですが、ショッピングモールとウォルマートのようなディスカウントストア、どちらに行ってもＵＳＢハブはほとんど売っていない。スマホコーナーはあってもパソコン周辺機器コーナーがそもそもないのです。

結局、ひとつだけデザインがしょぼいものが25ドルで売っているのを見つけたのですが、日本なら100円ショップでもっといい商品が売っていることを思い浮かべて、買わずに済ますことにしました。

こういった一部の消費者がたまにしか買わないような商品はネットに需要が移り、需要がネットに移ったことで小売店が扱わなくなるという悪循環が起きています。小売店が売り場効率を上げているうちに、知らず知らずのうちに利幅の大きい商品群の売上が消滅する。そんな現象が第二段階として起きます。

こうして家電量販店、アパレル量販店、スポーツ量販店などで売上高が2割、3割と削り取られてリアル店舗の収益性が低下していくのです。

日本のインターネット通販は成長市場ではありますが、アメリカのEC市場シェアと比較すると成長段階に4~5年遅れのタイムラグがあります。そのことを考えると、日本でアマゾンエフェクトによる小売店淘汰が本格的に起きるのは2020年代前半だと予測されるのです。

アマゾンエフェクトはメディア業界に波及する

さてアマゾンプライムは２０２０年代において別のサービスを通じて、小売とは違った業界の業績にも悪影響を与えていきます。それがメディア業界です。

アマゾンプライムのサービスのひとつにプライムビデオがあります。コロナをきっかけに使い始めた読者の方も多いかもしれません。私の家もそうなっているのですが、アマゾンプライムの会員は自宅の大画面テレビにFire TV Stickというキーケースぐらいの小さな機器を差すことで、インターネット経由で高画質の動画コンテンツをダウンロードして観られるようになります。具体的にはたくさんの新作映画やテレビドラマ、バラエティ番組が無料で観られます。

このサービスはまっさきにＷＯＷＯＷやスカパー、ケーブルテレビといった有料放送サービスと競合するようになります。

アメリカでは日本以上に、ケーブルテレビに加入して多チャンネル放送を楽しむ人が多数派なのですが、そういった人たちがケーブルテレビからアマゾンに鞍替えしてしまう。

この現象をケーブルテレビを解約することから「コードカッティング」と呼ぶそうです。

このプライムビデオを使うようになると、視聴者のテレビの見方がちょっと変わってきます。まず自宅でテレビよりも映画を観る時間が増える。そのうち無料映画だけだと満足できなくなるのですが、その場合、アマゾンから動画をレンタルするようになります。

たとえばマーベルのアベンジャーズシリーズの最新映画が観たいとなると、48時間レンタルで199円でダウンロード視聴できる。そのためTSUTAYAやゲオといったレンタルDVDサービスが影響を受けるようになります。

さらにテレビドラマも視聴スタイルが変わります。これまで週1回の放送に合わせて観ていたドラマが、そうではなくワンクール13話を続けて観るほうが楽しいことがわかってきます。

それも最初はアマゾンプライムが無料で提供するドラマから始まって、それだけで我慢できなくなると月額1000円前後で楽しめるネットフリックスやHuluといった有料ダウンロードサービスを使うようになります。

そのような生活が続いていくうちに、連続ドラマを地上波で週1回みるのがだんだんつらくなってくる。これは実際私に起きた現象ですが、冬、春といったシーズンごとに新ドラマが始まると、最初の１話、２話はリアルタイムで観るのですが、それでハマり出すとあとはレコーダーに録画しておいて、番組の終盤が近づいたときに一気観を始めるようになります。

『ノーサイド・ゲーム』も『グランメゾン東京』も『テセウスの船』もそうやって集中して視聴したほうが楽しくなる。要するに視聴者がテレビ局のプログラム提供ペースに満足できなくなるのです。

アメリカでは全国ネットワークのテレビ局が人気ドラマの新シーズンの放送を始める際に、ネットフリックスのような動画ダウンロードサービス会社と組んで、旧作のプロモーションを行います。

そうやって旧シーズンを観せることで新シーズンの視聴率が上がる。これを最初はテレビ局はWin-Winの関係だと喜んでいたそうです。

しかし徐々にそうではないことがわかってくる。テレビ局が番組宣伝をするのにネットフリックスに依存しなければならなくなるとともに、視聴者のアイボールシェア（目玉がどこを見ているかという意味のメディア用語です）の大半がネットフリックスに奪われていることがわかってしまってきた。

それでネットフリックスの株価は高騰し、GAFAの次だと期待される地位にまで上がってきました。日本でアマゾンプライム会員が増加するにつれて同じ現象が起きるでしょう。そして長期的にはフジテレビやテレビ朝日、日テレ、TBSは、アマゾン、ネットフリックス、Huluといったプレイヤーに視聴者を奪われていくのです。

アマゾンエコーが音楽業界を支配する

さてアマゾンはさらに「エコー」というスマートスピーカーのサービスに手を広げています。スピーカーに向かって「アレクサ、今日の天気を教えて」みたいに使うアレです。

スマートスピーカーの向こうにいるアレクサとはアマゾンの人工知能の名前で、あなたの嗜好を学習しながら、天気を教えてくれたり、アマゾンでの買い物をしてくれたりと徐々になじんだサービスを提供してくれるものです。

そして個人にとって人工知能が一番なじむ領域が音楽のチョイスです。

アマゾンには、無料のものから有料のものまで何段階かの音楽ダウンロードサービスがあって、価格が高くなるにしたがって選べる曲の数が増えてきます。

それをアレクサと対話しながら「この曲をまたかけて」とやっているうちにどんどんアレクサが好みを覚えてくれて、自宅の室内のＢＧＭがだんだん居心地が良くなってくるわけです。

無料ないしは定額で選べる音楽のラインナップもうまくできていて、たとえば好きなアーティストの曲を聴いていて、同じアーティストの別の曲をリクエストするとそれが有料だったりします。でも「今聴きたい」と思うと結構気軽にそれを買ってしまう。そうやってライブラリの中に自分が購入したお気に入りの音楽が増えていくのです。

そして一度このサイクルにハマってしまうと、音楽はオンラインダウンロードでしか買わなくなる。結果として、ビデオだけでなく音楽でもＴＳＵＴＡＹＡをユーザーが使わなくなるという現象が起きてしまいます。

すでにタワーレコード、ＨＭＶといった音楽メディアを販売するショップの経営は苦しくなっていますが、これからのアマゾンエフェクトを考えると、ＴＳＵＴＡＹＡも含め、その未来が厳しいものとなるでしょう。

アマゾンの破壊から逃れられる小売業態は？

ここでもう一度、アマゾンエフェクトによって2020年代に経営が苦しくなる小売業態についての予測情報を整理してみましょう。

そもそも以前からアマゾンエフェクトで世の中から消えていたのが書店です。それに加えて、インターネット通販需要が広がる中で、GMS（大型スーパー）、アパレルといった業種はこれまでも業績を下げてきました。

2020年代に本格的にインターネット通販が消費の中心となり、消費者が今以上にアマゾンなどインターネットでの買い物を日常的に繰り返すようになると、これらの業態に加えて、家電量販店、ホームセンターといった業態でも売上が削り取られていきます。

ドラッグストアは処方箋薬や市販薬といったネットに移行しない、ないしはしづらい需要がある点は強みですが、洗剤、紙おむつ、飲料といった日用品・食品の売上は他の業態同様にアマゾンに奪われていく危険性があります。

さらに2020年代に厳しくなるのはメディア業界。とりわけ音楽産業とテレビ・映画業界は、アマゾンをはじめとするインターネットサービスにその主役を奪われていく危険性があります。同時に音楽メディアの販売もパッケージ時代が終焉を迎え、消費はほぼほぼオンラインで完結するような状況に変わっていくでしょう。

さらに安心できないのが食品スーパーです。今のところ生鮮食料品は小売業の中でリアル店舗が強みを持つ数少ない領域ですが、そこにアマゾンは参入を目指している。アメリカで進んでいるアマゾンフレッシュの事業化が完成すれば、その動きは確実に日本を襲います。つまり「未来はアマゾン次第」という観点で、食品スーパー業界もさほど安泰とはいえないのです。

ではアマゾンエフェクトの影響から逃れられる小売業は何でしょうか。

ひとつは業態に限らず、アマゾンと同等の強みを持ちながらネットとリアル店舗双方で強みを構築できている企業群です。具体的にはユニクロやヨドバシカメラのようなネットにも強い小売店です。

ふたつめに小売店として独自の高いブランド力がある企業。百貨店の多くはアマゾンエフェクトで厳しい状況に陥ると思いますが、ブランド力の高い伊勢丹や高島屋の旗艦店はアマゾンと競合しないでしょう。百貨店の中にあるとらや、たねやといったデパ地下で強い老舗の食品ブランドも同様の強みを残すと思われます。

3つめに自動車ディーラーや住宅メーカーのように、そもそも高額なうえにアマゾンでは扱いにくい商材の流通も大丈夫だと思います。

しかしそれ以外の小売チェーンは、たとえデジタルトランスフォーメーションに力を入れたとしても、多かれ少なかれ2020年代を通じてアマゾンエフェクトの悪影響を受けて縮小するリスクが高いと思います。

配達が無料のアマゾンプライム、スマートスピーカーのアマゾンエコー、生鮮食品を自宅に配送するアマゾンフレッシュなどアマゾンのサービスは年々拡充し、そのサービス内容も年々洗練されていくはずです。

そしてもうひとつ別のアマゾンエフェクトによって2020年代に思わぬ苦戦に追い込まれるかもしれない小売店チェーンが存在します。それがセブン-イレブンです。

アマゾンゴーがやってくる

アマゾンはネット領域からリアル領域にアマゾンらしい形で進出を試みています。それが２０１８年にシアトルにオープンした無人コンビニと呼ばれるアマゾンゴー（Amazon Go）です。私の会社のビジネスパートナーである射場瞬さんがオープン当初からアマゾンゴーを研究し続けている関係で、私もこの業態について結構詳しくなりました。

アマゾンゴーはこの2年間に、サンフランシスコ、シカゴ、ニューヨークなどに二十数店舗が開店しています。

アマゾンゴーは日本でいえば大きめのコンビニとよく似た品揃え、同じくらいの店舗面積の小売店です。日本では一般的に「無人コンビニ」と言われていますが、実際の店舗では店舗運営を改善する目的でたくさんの従業員が働いています。正確にはレジがない「レジレスコンビニ」と呼ぶのが正しいともいいますが、ここでは統一して「無人コンビニ」という表現を使わせていただきます。

アマゾンゴーのお店に入る場合、あらかじめアマゾンのアカウントを持っていることと、アマゾンゴーのスマホアプリをダウンロードする必要があります。そのうえでＱＲコードをスマホに表示させ、それをゲートで読み取らせることで入店することができます。

お店に入ったら棚にある商品をつぎつぎと自分のエコバックに入れて、そのままゲートを通りお店を出れば買い物終了です。

つまり普通のスーパーやコンビニと違うのはショッピングカートがないことと、レジがないこと。お店を出ると通常数分以内にスマホにレシートが届きます。同時に決済は完了します。これだけです。

では届いたレシートを見て、買っていない商品が買ったことになっていたりしたらどうすればいいのでしょう?

実は私もそのことが気になってこれまで何回も買い物をした人に聞いてみたところ、一度も計算が違っていたことはないそうです。

アマゾンゴーの店舗では、無数のカメラとセンサーを使ってＡＩが商品を誰が買ったかをチェックしています。それを欺けないかと思って何度も、手に取った商品を別の棚に戻したり、手品のように隠しながらバッグに入れてみたりと、ありとあらゆるトリックプレイを試してみた方がいらっしゃいます。それなのに常に購入判定は正しかったといいます。

アマゾンゴーは２０１６年12月にアマゾンの従業員向けに開店して、１年ちょっとの試行期間があったのですが、そこですべてのこういった問題はクリアしたうえで２０１８年

1月の実際のオープンを迎えているようです。

さらに興味深いことに最初にオープンしたお店と、最近新規開店したお店では店内の様子が違うのだといいます。1号店のシアトルのお店には天井と棚の奥に無数のカメラが置かれていたのですが、その1年後にオープンしたサンフランシスコのお店ではセンサーの種類や数が増えている一方で、天井のカメラは数が減っている様子です。

詳しく説明すると、サンフランシスコのお店では圧力センサー、重力センサーとマイクが商品棚に設置されているようです。そうすることで顧客が商品を触ったかどうかは圧力センサーが、棚から商品が持ち去られたかどうかは重力センサーが確認するとともに、マイクが「カサッ」という商品がすれる音を検知して商品が動いたかどうかをダブルチェックしているようなのです。これとカメラの画像解析から顧客が何をどれだけ買ったかをより正確に判定するのです。

たとえばチューインガムやキャンベルのスープ缶のように重さや外見が似ていても味にバラエティがあって中身が違うものがあります。それを棚の位置をわざとぐしゃぐしゃにした後で買っても、買ったアイテムがどのフレーバーなのかをアマゾンゴーはちゃんと判別できているのです。

シアトルの1号店で買い物判定の技術は完成していたにもかかわらず、サンフランシスコの新しいお店ではセンサーが増えているところがポイントで、要するにカイゼンを重ねているのです。

1号店の開店段階で無数のカメラを設置すれば正確に判別できることはわかっていたのですが、そこからどれだけカメラを減らしても大丈夫か、ないしはどのようなセンサーの情報と組み合わせると一番ローコストで正確になるかをアマゾンは日々実験しているのです。

アマゾンゴーが目指す未来

アマゾンゴーが目指すのは、キャッシュレステクノロジーとかレジレスサービスではありません。目指すゴールは、①ロープライス、②多様なセレクション、そして③コンビニエンス（利便性）をリアルな店舗で実現することであって、無人コンビニという解決策はあくまでその手段なのです。

アマゾンゴーの店舗での売上の3分の1はフレッシュ系と彼らが呼んでいる食品カテゴ

リーです。日本のコンビニでいうお弁当やおにぎり、デザートやいれたてのコーヒーに相当する商品です。アマゾンゴーの場合、それをお店の中の特設キッチンで調理している。過去購買データ、リアルタイムに商品を触っているデータがわかり、需要の予測が詳細にわかるので、それらをもとに顧客が欲しいものを品切れしないように売り場に供給していくわけです。これが前もって見込み発注をする日本のコンビニと比べて少し進化したところです。

実際に店舗に行ってみると、アマゾンゴーの中ではたくさんの人が働いています。レジがないだけで決して「無人コンビニ」ではない。むしろレジという手間がかかる工数を別のサービスに振り向けている。たくさんの人が最高の顧客体験を実現するために働いているにぎやかな店舗がアマゾンゴーということです。

そして店舗オープンの企画段階から、バックエンドのすべての機能において、アマゾンはアマゾンゴーにデータサイエンティストを配置しています。彼らが顧客体験や購買を分析して、商品や仕入れも改善していく。ＡＩ専門のデータサイエンティストを多数有することは、日本のコンビニが持っていないアマゾン独自の強みです。

アマゾンゴーは静止しているのではなく、ものすごいスピードで進化している小売業態です。ビッグデータをデータサイエンティストが分析することで、フレッシュ系食品の品揃え、ＰＢ商品などの開発や仕入れ企画、プロモーションの中身がどんどん変化していく。そのことでより素敵な顧客体験が生まれていくことになる。アマゾンゴーを定点観測していくと、サービスと品揃えの進化が実感できるのです。

そしてアメリカでは競合も出現しています。すでにサンフランシスコ市内にはアマゾンゴーの競合となる無人スーパーの開店テストも始まっていますし、小売チェーン向けにアマゾンゴーと同等の仕組みを提供するというＩＴ企業も出てきています。

これから数年で、アメリカでは無人店舗ないしはレジ無し店舗という小売スタイルが一般的な小売業態として一気に浸透していくことが予想されるわけです。

ベゾスが買収を狙う日本の大手小売企業はどこか？

さて、アメリカでアマゾンゴーというコンビニが成功したとして、次に彼らは何をするでしょうか。当然、日本でのアマゾンゴーの展開を開始するはずです。

そこで考えてみるべきことは、「もしアマゾンのＣＥＯのジェフ・ベゾスだったら、どのように日本市場に参入するだろうか？」ということです。

アマゾンはアマゾンフレッシュを始めるにあたってアメリカ最大のハイエンドブランドのスーパーであるホールフーズを約1兆4800億円のキャッシュで買収しました。全米に生鮮食料品の倉庫や物流センターを一から作るよりも、全米に広がるホールフーズの店舗や物流センターを利用したほうがアマゾンフレッシュの展開が早いという戦略判断からです。さすがは時価総額100兆円企業らしいマネー発想です。

さてみなさんご存じの通り、日本はコンビニ大国です。業界首位のセブン-イレブンが全国に約2万1000店舗、2位のファミリーマートが約1万7000店舗、3位のローソンが約1万5000店舗（各、2020年3月時点）と日本のコンビニは飽和状態にあります。

この市場にアマゾンが無人コンビニで参入する場合、一からオーナーや店舗を募集し、お弁当やおにぎりの供給メーカー、PB商品の開発メーカーを開拓したとしたら、日本市場を制覇するのに20年はかかってしまいます。

でもジェフ・ベゾスにすれば、もっと簡単で早い参入方法がある。それが日本のコンビニ大手を買収することです。

ではどうするか。私がベゾスならファミリーマートかローソンを買収します。

日本のコンビニの時価総額を見ると首位のセブン－イレブンがグループ企業も含むセブン＆アイ・ホールディングスとして約３・１兆円なのに対し、２位のファミリーマートが約９０００億円、３位のローソンが約６０００億円（各、２０２０年４月時点）と、ファミマもローソンもアマゾンから見れば買える値段の会社です。

アマゾンゴーがセブン－イレブンを破壊するシナリオ

「しかしファミリーマートは伊藤忠商事が、ローソンは三菱商事がそれぞれ大株主で、どちらの商社も消費者流通ビジネスの中核会社としてコンビニ事業を位置付けているから、手放すはずがないじゃないか」

と普通の日本人なら考えるでしょう。でも本当にそうでしょうか？

もしベゾスが伊藤忠と三菱商事をそれぞれ別に訪れて「これからどちらかのコンビニを今の１・５倍の価格で買うことを提案したい」とネゴシエーション（交渉）を始めたとしたらどうでしょう。

それは10年後の日本のコンビニ地図が塗り替わることを意味します。

圧倒的な資金力があり、圧倒的な新しい顧客体験を提供でき、圧倒的な数のデータサイエンティストがＡＩによるディープラーニングで顧客体験を改善していく。そのような競争相手が日本で１万５０００店舗のアマゾンゴーを展開することになったら、そのときの業界序列はどうなるでしょうか。

もしそうなったら業界首位のアマゾンゴーが圧倒的な高収益企業となり、２位のセブン－イレブンが大幅に収益性を下げ、３位以下のコンビニチェーン本部は収益がゼロかマイナスに陥るような形へと業界構造が変わると、私は思います。

そこで伊藤忠と三菱商事のトップはそれぞれの決断を迫られます。今、コンビニをアマゾンに売却すれば１・５倍のキャピタルゲインを手にできる。一方でライバルの商社がコンビニをアマゾンに売却すれば、手持ちのコンビニの株価すなわち事業価値は暴落する。

私には選択肢はひとつしかないようにしか思えません。ライバルより先に、アマゾンにコンビニを売却することです。そのうえで総合商社らしく、日本でのアマゾンのビジネス展開に食い込む逆オファーを提示するのが正解でしょう。

ちなみにアマゾンにとってセブン－イレブンを買収するメリットはゼロです。買収の経済学としては、セブンよりも安いチェーンを買収してそれをバリューアップすることが重要です。セブンとの時価総額を逆転させる部分がアマゾンのうまみになるとともに、利益の源泉になるのです。

さてこの章でお話ししたことが、2020年代に日本の小売業界がその洗礼を受けることになるアマゾンエフェクトによる業界破壊の予言です。

細部についてはあくまで予測ですが確度の高い予言としては、2030年に向け、家電量販店が消え、ホームセンターが凋落し淘汰され、アパレル業界が衰退し、GMSだけでなく食品スーパーも赤字基調になる。

メディアの世界でも地上波のテレビはアマゾンプライムビデオのような動画配信に押され、音楽コンテンツもアマゾンエコー経由でダウンロードするのがユーザーの主流になる。

そして、2030年の日本の街中にはコンビニが2020年と同じようにたくさん存在するでしょうけれども、その中で一番目立つ、そして唯一の高収益のコンビニの看板は緑とオレンジではもはやなく、黒地に白い電飾のアマゾンゴーの看板になっていると予言しておきましょう。

第5章

確実に起きる人口問題の不確実な解決方法

人口に関する予言は確実に当たる

未来予測術では「将来人口は確実に予測通りになる」と言われています。そしてテクニックとしてもとても実用的です。

今から10年後の若者の消費を予測しようと思えば、過去10年の出生数を見ればほぼ確実に消費者規模を予測できます。同様に、高齢者向けの介護サービス市場の規模を予測するにあたっても、10年後、20年後の後期高齢者の人口規模はほぼ予測通りになるはずです。

私がコンサルタントとして活動し始めた1980年代当時は、「団塊の世代」についての人口予測が経営のさまざまな分野で「使える重要指標」として用いられていました。

「団塊の世代」とは1976年に経済評論家の堺屋太一さんが発表した概念です。具体的には戦後のベビーブームである1947年から1949年までの3年間に生まれた世代のことで、平均で一学年が268万人規模にのぼる世代です。2019年の出生数はいよいよ90万人割れが確実な状況ですので、今と比較してほぼ3倍の子どもが誕生していた世代ということになります。

ちょうど私の叔母がこの世代にあたるのですが、私と同じ公立の中学校に通っていた叔母の世代は、一学年が24クラスあったといいます。私の時代が12クラスで、現在では一学年はわずか５クラスですから、いかに団塊の世代が人数的に突出していたかがわかります。

どの時代も団塊の世代から予測可能だった

そして日本のさまざまな経済予測は、この団塊の世代がどのような「時代」をすごしているのかによってほぼほぼ予言が可能でした。

バブル時代には団塊の世代が30代後半を迎え、それまでは成立していた日本企業の年功序列が崩れると予測されました。実際に日本の大企業は最初のうちは「担当課長」など管理職の肩書きを乱発して年功序列を守ろうとしたのですが、名ばかりの課長職、部長職のインフレには限度があり、結局は１９９０年代を通じて日本の大企業の年功序列は崩れていきました。

２０００年代は団塊の世代が大量に定年を迎えることで、マンパワー不足が社会問題になると予測されていました。この問題は、当時の60歳定年制を法律で改めて65歳までの継続雇用を奨励することで、労働力の一斉大量消失問題は回避されました。

このように団塊の世代の動向は常に日本社会の未来予測の中心テーマとなっていて、人口構成的には常にその予測は当たってきました。

一方で気をつけなければいけないことは、「確実に当たるのはそのような人口構成に日本社会が変わるという事実だけだ」ということです。そこで起きる問題をどのようにして解決していこうかと、さまざまな当事者たちがさまざまな施策を考えることで、未来は不確実な形へと変わっていきます。

その観点で今、未来の不確実な社会問題として注目されているのが2030年問題です。

2030年の人口問題

2030年には団塊の世代が80代前半に突入します。団塊の世代が後期高齢者の中でも周囲の支援が必要になる80代入りすることで、日本の要介護人口はいよいよもって過去想定されてきたピークの規模に到達しそうです。

さらに同じタイミングで団塊ジュニアと呼ばれるもうひとつの人口のボリュームゾーンが50代後半に入り、その一部は還暦を迎えます。労働力の高齢化により小売、物流、建設といった現場仕事が必要な業界で働き手の不足が懸念されます。

そしてそれ以降の若い世代は年々出生数が減っている状況にあり、結果として生産年齢人口が高齢化するとともに激減する。これらの問題が突出するのが２０３０年です。現在の経済インフラを維持するという前提で試算すると、２０３０年には実に８５０万人の労働力が不足するという計算結果があります。

「現在の経済インフラを維持する」ということは、コンビニやファミレスの24時間営業や、宅配便の翌日配送、工場の24時間稼働といった「夜も眠らない日本の経済活動」を前提にするということなのですが、そこで８５０万人もの労働力が不足するということは、もはや「眠らない国」としての経済インフラは維持できないことを意味します。

加えていえば、後期高齢者が激増することで医療や介護の現場の人手不足は今以上に深刻な社会問題になるはずですから、いったいどうやってこの状況を乗り切るのかを考えると、今から10年後の日本は大きな社会問題に直面することが容易に想像できます。

外国人労働者が500万人規模で増加する社会

さて冒頭で「人口問題は一番確実に予測できる未来だ」という話をした通り、2030年問題は必ず起きる未来です。ですから行政もすでにその対応に乗り出しています。それが、最近でも国会で議論となった「外国人労働者のビザ発給条件の緩和」です。具体的にはこれまでは技能を持った外国人にしか認められていなかった労働ビザの条件が緩和され、これからは単純労働者にもビザを発給することが決まりました。

都会で生活をする人には見慣れた光景ですが、コンビニにしても外食にしても東京の労働現場は外国人労働者抜きには成立しません。わが国で働く外国人労働者は165万人規模にまで増加しており、年率二桁の増加率で増え続けています。

この条件を単純労働者に開放すれば、さらに外国人労働者は増加するでしょう。単純計算で毎年10%ずつ外国人労働者が増加すると仮定すれば、2030年末にはその規模は500万人に達します。

2030年の日本の人口構成で圧倒的に不足するのが若年労働力であることを考える

と、日本経済のインフラを２０３０年においても維持するためには外国人労働者を激増させる以外に解決策はなく、実際に行政はその前提で政策の舵を切っているわけです。

この解決策にはふたつの問題が内在しています。

ひとつは、外国人労働者が２０２０年代の日本で働くことに魅力を感じてくれることが政策の前提になっているということです。

これまでの日本の外国人労働者受け入れ政策は、必ずしも周辺国からの評判がよいものばかりではありませんでした。中でも技能実習制度は、技能実習という名の下に実質的に賃金の苛烈な搾取が行われていることがさまざまな業種・企業で問題視されてきました。

日本に来る技能実習生は、日本なら稼げると教えられて借金をしてまで来日するのですが、実態としてはそのような稼ぎは得られない。職場によっては技能すら教えてもらえない。そうして失望して帰国する外国人が増え、実態が現地に情報として広まってしまうと、新たに日本に来ようとする外国人が減ってしまいます。

その観点でいえば、２０２０年代に日本に大量の外国人労働者に来ていただくためには、日本での待遇を上げていく必要があります。ただ期間限定で単純労働に関するビザを出すだけでなく、更新によって期間を延長したり、家族を呼び寄せたりといった追加での緩和策がなければ500万人規模の労働力は確保できない。そういった問題が2020年代を通じて表面化する可能性は結構あると思います。

そうなると外国人労働者への門戸開放政策は、徐々に移民政策と表裏の構造に変質していきます。ここはまだ日本政府が踏み込んでいない部分なのですが、長期的に人口が減少することが確実な日本において、その流れを止めることができる移民政策に踏み切るかどうかが問われることになります。

もうひとつの問題は、外国人労働者が500万人規模にまで増加する社会では、必然的に日本文化の変質を伴います。これは保守派の日本人にとっては大きな社会問題とうつるはずです。

外国人労働者が少数派だったからこそ維持できてきた日本のビジネス文化が、外国人労働者が主力になることで大きく変わることになる。さらにはビジネスだけにとどまらず、日本文化自体が維持できなくなるリスクが顕在化する。

これらふたつの問題が予測不能なリスク要因になります。この移民と文化の変容の問題については、この章の後半で検討したいと思います。

70代前半まで働かなければ普通の生活が成り立たなくなる

さて、２０３０年には労働力の確保という点では、外国人以外にもうひとつ大きくあてにできる労働力人口が増加します。それが前期高齢者です。

昨年、金融担当相が受け取りを拒否した「豊かな老後のためには２０００万円の金融資産が必要だ」という内容の有識者会議のレポートがありました。現実には超高齢化社会では老後にお金が必要なことには間違いありません。

一方で、私たちが年金を受け取ることができるタイミングは徐々に後ろ倒しになっています。

団塊の世代が80代を迎える10年後の社会保障財源は逼迫《ひっぱく》することになると今の段階でも予測されています。医療費や年金といった社会のセーフティーネットはより薄いものとなる未来がやってきます。

おそらく２０３０年の未来には、65歳から70歳前後の若い高齢者は仕事をしなければ生活が成り立たない社会になっているでしょう。

だとすれば後期高齢者以外の高齢者人口はその大半が引退者ではなく、実質的に労働力人口だということになります。生産年齢人口の定義は15歳以上65歳未満の層を指しますが、労働力人口とは「働く意思のある人口」を指します。

つまり、生産年齢人口が減少する時代でも、前期高齢者が働き続ければ労働力人口は増加するわけです。政府はこのからくりを理解したうえで政策を進めている。その社会はおそらく高齢者にとって居心地の悪い社会になるでしょう。

ただこの居心地の悪い社会というのは、2030年時点ではまだその入り口に過ぎないということを念頭においたほうがいいでしょう。その理由は、2030年の時点での60代後半の世代は社会人でいえばバブル入社組がその一番若い世代だということです。

バブル期に大企業に入社した層に関していえば、最後の逃げ切り世代ということで、2020年代の10年間は、住宅ローンの支払いを終え、子どもの教育投資も払い終え、年収700万円前後の安定した地位を確保でき、退職金がまとまって手に入る。その次の世代と比べるとバブル世代はまだ恵まれた状況なのです。

そのあとの層、つまり2020年に50歳よりも下の年齢層は就職氷河期にあたる世代で、バブル期世代ほど安定した仕事も待遇も得られていない。2030年代に入ると、それらの世代がつぎつぎと前期高齢者入りするという形にこの問題は進みます。

そうなると２０３０年以降に65歳を迎え高齢者入りする世代は、その大半がほぼ生涯にわたって働き続けなければいけなくなる。そもそもこの世代は団塊ジュニアとして人口も多いので、高齢者になっても働いてくれるというのは労働力人口の増加につながり社会統計上はとても貢献してくれるわけですが、本人たちにとってはしんどい未来だといえるでしょう。

ＡＩによる仕事消滅が２０２０年代を通じて起きる

そして２０３０年問題の解決にはもうひとつ重要な要素があります。それがＡＩの普及によるホワイトカラー業務の大量消滅です。

メガバンクが２０２０年代を通じて大量の社員のリストラを計画していますが、その計算根拠とされているのがＲＰＡ（Robotic Process Automation）と呼ばれるＡＩツールです。

このＲＰＡというツールは、ホワイトカラーのパソコンの中に常駐して一般事務の業務内容を学習していきます。現在、多くのオフィスで最大の業務量を占めるのが一般事務業務ですが、2030年までにはその多くをAIが代替することになると予測されています。

ホワイトカラー人口はわが国全体の労働人口の約半分、3000万人規模にのぼります。その業務の一定量が削減されるということは、それが積みあがると2030年までには数百万人レベルでの雇用が削減されることになります。

AIが活躍する領域は他にもあります。2023年頃から完全自動運転技術が実用化されますが、そうなれば運輸・物流の現場では大量の労働力が不要になります。具体的にいえば、長距離トラックの運転手の仕事、路線バスの仕事、タクシー運転手の仕事などです。もちろんこれには道路交通法の改正が必要となりますが、労働力が不足するという観点で考えれば、完全自動運転時代に運転手を不要とする方向で法律を改正するという視点は重要でしょう。そうなればこの領域でも100万人単位で仕事が消滅します。

そうなると2030年に850万人の労働力が不足するという数だけではなく、不足する労働力の質が新たな問題になることが見えてきます。体力的に楽なホワイトカラーの仕事が世の中から消える一方で、介護、物流、建設といった、現状では求職者からは不人気な仕事で人手不足が起きる。でもホワイトカラーからブルーカラーへの労働力の移動は簡単には起こせません。その結果、日本全体で思わぬ業務需要のミスマッチが起きる。これが予測不確実な３つめのリスクです。

確実な予測と不確実を引き起こす政策

ここまでの一連の話から私たちが学べることは何でしょうか？「未来予測においては、将来人口は確実に予測された通りになる」とこの章の冒頭で申し上げました。ところがそこから想定される問題の解決策については、そのことが引き起こす新たなリスクが容易には想定できない形で噴出するということです。

少なくともわが国の２０３０年の経済は労働力不足でインフラが回らなくなる未来ではなく、むしろ外国人と高齢者が働き続けることで今と同じように回る未来であり、空調が整備された快適なオフィスでパソコンに向かって行うようなホワイトカラーの仕事が激減することで労働人口の辻褄があう。働き手にとって楽な社会ではない不都合な未来が予見されるということなのです。

さて、新たなリスクが想定できないということは具体的にはどういうことなのでしょうか。そこを掘り下げて議論していきたいと思います。

まず最初に「ＡＩによる仕事消滅が起きるのであれば、そもそも２０３０年問題は何ら対策をしなくても自然に解決するのではないか？」という疑問を感じている読者がいらっしゃるかもしれません。

しかし現実にはそうはならないでしょう。理由は労働人口構造にあります。具体的にいえば若年労働者層の人数が足りないのです。

社会や経済が健全に回るためには若い労働力が絶対的に必要です。時代をさかのぼれば若い労働力の不足は常に社会問題を生んできました。具体的には昭和の後半は若者の都市部への流出により農村部の過疎化が進み、農業の衰退が起こりました。

平成の時代には地方都市で同じように若者の流出ないしは減少が進み、地方中核都市で百貨店が倒産し、地方創生が叫ばれながらもそれがままならない、ゆったりとした地方経済の衰退が進みました。

令和の時代に人口問題として予測されていることは「いよいよそれが東京でも起きる」ということです。

そもそも外国人労働者の受け入れ拡大は、その若者不足を防ぐための施策であって、労働力人口が不足しなさそうだからといって受け入れを狭めてしまえば、首都圏の衰退が早まります。

２０２０年段階ですでに、日本の人口は女性の２人にひとりが50歳以上といういびつな構成に到達している。それを支える若者が必要であることを考えると、外国人労働者の規模をこれから10年で３倍以上に拡大していくという政策はおそらくは変えないほうがいい。

では、そのことはどのような社会変貌を意味するのでしょうか。

日本の外国人人口はセミグローバル許容ラインを超える

２０２０年の時点で20歳から39歳まで、つまり20代30代の若者人口は約２６００万人です。一方で日本で働いている訪日外国人が約１５０万人。外国人労働者層がざっくりといえば20代30代の世代がボリュームゾーンだという前提で考えると、今時点での日本の若者人口に占める若い外国人労働者の比率は５％程度だと推定できます。

「外国人比率10％未満」という数字は、「セミグローバリゼーションの状態」だとよく言われる範囲内です。21世紀に入って世界がグローバル化した、ないしはすると言われてきたのですが、多くの国々ではその状態はセミグローバリゼーションにとどまっているという研究があります。

少し古い2004年のデータですが、ハーバードビジネススクールのパンカジ・ゲマワット教授の分析によれば、世界の人口に対する長期的に海外に移住した人の比率は3％程度。OECD加盟国の大学に通う大学生に占める留学生の比率は5％程度。

同様に全観光客に占める海外からの観光客の比率は9％程度と、グローバル化する世界においてそのグローバル化の状態はセミグローバリゼーションの範囲を出ていない。そしてその状態ではローカルの国々の文化の大きな変質は起きないとされます。

一方で今、移民問題で揺れるEU各国では国民に占める移民の比率が10％を超えています。欧州ではシェンゲン協定によって国境を越えた人の行き来が自由になっていることからそもそも移民が多く、フランスが13％、イギリスが15％、ドイツが16％という水準に達しています。

その前提でフランスの若者が職を求めて暴力的なデモを繰り広げたり、ドイツでネオナチズムのような極右運動が起きたり、イギリスがＥＵから離脱したりといった社会文化の変質に伴う社会問題が表面化しているわけです。

ちなみに移民の国と言われるアメリカでもこの定義で測定した移民比率は16％です。つまり欧州の主要国はすでにアメリカと同じレベルでの移民問題に直面していることになります。

さて仮に２０３０年の日本に５００万人の若い外国人労働力がやってきたとすると、そのときの日本の20代30代人口が約２３００万人規模ですから、若者に限っていえば外国人比率が20％を超える。つまり若者文化に関していえば、２０３０年には日本文化もグローバル文化へと変質することが予測されるのです。

日本に移民奨励政策はありうるのか？

これまで私たち日本人は、日本が移民国家として繁栄していく未来を「ありえないこと」として真剣に考えてきませんでした。

一方で、２０１９年のラグビーワールドカップで活躍した日本代表のように、もともとの日本人だけでなく日本に長く居住し日本が好きな外国人、そして外国籍から日本に帰化した日本人などがひとつのチームとなって、海外の強豪と戦う姿は多くの日本人の心を打ちました。

キャプテンのリーチマイケル選手は外見は欧米人ですが、国籍は帰化したので日本です。スポーツの世界ではこのような帰化した日本人が歓迎されています。

大相撲でいえば曙太郎さんやＫＯＮＩＳＨＩＫＩの芸名でタレント活動を行う元大関の小錦さん。サッカーでいえばラモス瑠偉さんや田中マルクス闘莉王さん、三都主アレサンドロさんなど帰化して日本代表となった人気選手がたくさんいます。

では、どれくらいの規模でこのような外国人の日本人への帰化が受理されているのでしょうか。

日本政府はこれまで移民というものを正式な政策としては認めておらず、帰化に関しても法務大臣が特例的に認めていく運用をしてきました。

その数字を見てみると、平成21年から30年までの10年間でいえば毎年平均で約１万５０００人が日本人として帰化しています。そのうちの約85％が韓国、北朝鮮、中国籍の東アジア人、残り15％がそれ以外の地域から日本人になった人たちです。

大きな流れとしてみれば、スポーツで活躍する帰化選手のようなケースよりも、日本の永住権を持っていた在日外国人が世代を重ねる中で、決断をして日本国籍を取得するというケースが多いということです。

そう考えると、純粋な移民としての帰化日本人の数は、実質的に15％程度、年間１５０0人規模だと考えたほうが実態に沿った数字かもしれません。やはり日本は、移民政策はこれまで積極的にはとっていなかったということです。

もちろん外国人労働者数を増やす政策の前提として、今後も移民には一切踏み込まないというスタンスは政策判断としてはありえます。

ただそのスタンスには、ふたつ問題があります。

ひとつは、その前提だと日本は外国人労働者にとって出稼ぎ先だということになる。だとしたら、それが経済的に魅力的でなければならないわけです。

日本での時給が１０００円、年収に換算して２００万円程度の稼ぎが得られることに魅力を感じるのは、中流層に満たない生活をしている方々ということになります。日本で働く外国人の国別ランキング（２０１７年10月末時点）は、１位が中国で全体の30％弱、２

位がベトナムで20%弱、3位・4位がフィリピンとブラジルでそれぞれ10%前後という比率です。

　中国は北京、上海といった先進都市部と内陸部では所得格差があるので、2030年であればまだ内陸部から日本へ所得と仕事を求めて来てくれる外国人労働者は確保できるかもしれません。

　しかし、そういった労働者がたとえば4年の期間限定で家族に仕送りをしながら日本で働いてくれるという前提が成り立つためには、日本が2030年代以降も経済的にそれらの国々よりも優位である状況が続くことが条件だということは忘れてはいけないでしょう。日本経済が転落してしまうと、その前提が崩れるのです。

　もうひとつの問題は移民を考えない、4～5年で入れ替わるような形での外国人労働者の受け入れは、長期的には日本の人口減少問題の解決にはならないということです。

　人口の長期予測、これは冒頭で申し上げた通りよく当たる予測なのですが、2100年には日本の人口は5000万人台まで減少することが確実だと言われています。

　実はこの長期減少を抑える唯一の実効策が移民であって、若い外国人が帰化して日本人となり、日本で家族を増やすという新たな前提が加わらなければ人口ピラミッド面での日本の長期衰退はまぬがれないのです。

この問題については逆も真なりです。日本が美しく良い国だから日本に来たいという外国人を受け入れていきながら、並行して移民の門戸も少しずつ広げていけば未来は逆方向に動きます。

この考え方は実際アリな考え方で、私の周囲にも日本が気に入って日本で仕事をしている高度なスキルを持った外国人が何人もいます。

そして本当にそういった人たちの数を増やそうとしたら、実は移民に踏み切るほうが数も質も確保しやすいのです。

周辺国に対して差しさわりがあるといけないので深くは突っ込みませんが、たとえば母国の体制よりも日本のほうが自由があるから日本がいいとか、日本のほうが空気がきれいだから日本がいいとか、日本の自然や文化が好きだからという知識人や富裕層は現実にたくさんいらっしゃいます。

そしてその中で、親日で日本語も堪能で、かつ国籍を変更して日本に住みたいという人たちは、この項の冒頭でお話ししたようなアスリートで帰化した人たちと同じように、文化的、社会的に日本になじんでくれる可能性が高い人々でもあります。

アメリカのグリーンカード政策がこれまでやってきたように、日本でも周辺国の知識人や富裕層を対象に年間数万人規模の枠を設定して、２０３０年までに数十万人の若者の移民を促す政策は、日本の文化を変えずに日本の人口減少を抑える選択肢ではあるはずです。

こうして深く考えれば考えるほど、外国人労働者の拡充政策は、本当は一段深い政策議論を国会で繰り広げたほうがいい、日本の未来を大きく左右する政策論点なのです。

AIがもたらす正社員の消滅

さて２０３０年問題に関して、ＡＩがもたらすホワイトカラー業務の消滅の問題についても掘り下げて考えてみましょう。これは２０３０年の私たちにどのような影響を与えるのでしょうか。

この問題は、２０３０年頃には「正規労働者の消滅問題」として社会問題化すると考えられます。

日本の従業員人口（役員を除く雇用者数）の過去30年間の推移を調べると、ふたつの特徴があります。ひとつは従業員人口が30年間で１５００万人も増えているということ。１９８４年には３９００万人規模だった従業員の数は、２０１６年には５４００万人規模まで増加しています。

そしてもうひとつの特徴が非正規従業員の拡大です。１９８４年当時は非正規従業員は全体の１割程度しかいなかった。その非正規従業員が１９９０年代以降一貫して増加し続け、２０１６年には全体の４割を占めるところまで増大しました。

従業員人口の増加をもたらしたのは定年の延長と女性の社会進出です。１９８４年当時はまだ男女雇用機会均等法が成立する以前で、女性社員は結婚すると寿退社と呼ばれる慣習によって職場を離れていきました。そしてその多くが専業主婦となった時代だったのです。

一方で男性社員の定年は55歳の誕生日でした。職場のみんなから花束をもらって、その日を境に年金生活に移ったのです。

それらの古い制度が消滅したことで、日本の従業員の数は１５００万人増加した。ここは経済成長的にはプラスの面ですが、一方で働き方環境にマイナス面をもたらしたのがＩＴの進化による非正規労働者の増加です。

そもそも正規労働者とは何なのかを考えると、本質的な捉え方として「戦力にするために育成が必要な仕事をする人」と定義することができます。入社した1年目は右も左もわからない駆け出しで、先輩や上司から仕事を教わりながら成長する。3年目になるとかなり頼もしくなり、5年目10年目になるとようやく「金を稼いでくれるようになった」と会社から評価されるようになる。これが本来の意味での正社員です。

一方で非正規労働者は、熟練が必要ではなく、「職場に配置されたその月のうちに戦力化する仕事をする人」と定義することができます。

この定義での非正規労働者ができる仕事は1984年頃は非常に少なかった。製品を箱につめる軽作業とか、倉庫や工場の清掃を担当する仕事とか、教え込まなくても任せられる仕事の業務量が少なかったからです。

それがITの発達によって状況が変わってくるのが1990年代です。コンビニの従業員の仕事のように受発注や検品、宅配便の受付から公共料金の支払いの受付まで、多様で複雑な仕事がすべてシステム化されたことによって、アルバイトのコンビニ従業員が短時間で戦力化されるように職場が変わりました。

携帯の販売も同じです。複雑なプランを顧客に説明しながら法律にのっとって正しい契約を結ぶというのは本来は営業の仕事としては難易度が高い仕事のはずですが、それが店長の指導の下でシステム通りにやれば誰でも担当できる仕事へと変わったのです。

そうして仕事の非正規化が進むことで社会問題になったのが同一労働同一賃金問題です。ＪＲのキオスクでは非正規の従業員と一緒に正社員も働いていますが、にもかかわらず報酬に大きな格差があるといって問題になるのです。

それでキオスクで働く正社員には他にも本社の事務作業の仕事を部分的に与えたりして「同じ仕事ではないのだ」という外形を作ることで、その批判をまぬがれるように会社が努力をしたりします。

この問題の根っこにあるのは、法律で正社員をくびにできないということです。

本当はＩＴのおかげで従業員の数を大幅に減らすことができるようになった。それでも労働法で正社員は数を減らすことができない。定年による自然減でしか減らない。だから実質的に非正規従業員と同じ仕事を与えるしかない職場が増えているのです。

言い換えると、統計上の正規労働者の中身には、実は非正規労働者でもできる仕事をしている人がたくさんいる。非正規化した仕事は統計上の４割よりもずっと多いのです。

そして２０２０年代はこのトレンドにＡＩの要素が加わります。それまで正規労働者が頭で判断して処理してきたホワイトカラーの仕事のかなりの部分がＡＩで置き換わる。そのことによって、世の中から正社員の仕事がこれまで以上に消滅していくことになるのです。

2030年までに日本が選択しなければいけない本当の論点

その行きつく先は何でしょうか。ＡＩの先に待ち構えているのは日本人の大半が非正規労働者になる未来であり、正社員と中流家庭の消滅を意味する社会構造の変化です。

バブル入社組が65歳の定年を迎える２０３０年頃には雇用構造の自然変化が完了し、日本人の生涯年収は低いほうに抑えられる。同一労働同一賃金問題は、労働の対価が低いほうに収れんしていくことで自然解決します。

そのことにより副次的にひきおこされるのが、高齢者になっても働き続けなければならない未来です。

このことに関連して怪しい話を耳にしました。それは高齢者の線引きの変更です。これまで日本は65歳から上の世代を高齢者と呼んできました。これを75歳に変更しようという動きがあるという話です。

この変更にはふたつ効果があって、ひとつは社会保障の対象年齢を引き上げることが可能になり、財源の破綻を避けることができるという効果。そしてもうひとつは、定義から外れる75歳未満の高齢者に自分で働いて生活を成り立たせる覚悟を持たせることができるという効果です。

政策としては意味があるのでしょうが、その意味するところは寒いと私は感じます。そうやって国家財政の辻褄を合わせたとしても、まだ日本の経済インフラは回らない。若い労働力が圧倒的に不足する。ですから５００万人規模で外国人労働者を日本に入れる政策は変えられない。

つまり最終的に私たちが２０３０年問題について選択できる未来は、移民を受け入れるか受け入れないかの選択肢だけです。

いまでも首都圏の一部の団地がそうなっているように、東京のあちこちに排他的な文化を持った外国人居住地が増加するような未来を選ぶのか、それとも日本にやってきた知識人や富裕層の外国人の若者が日本語に慣れ、日本の文化に慣れ、自然に社会の一員として日本に溶け込むような未来を選ぶのか。労働力だけで外国人を受け入れれば日本は前者の街並みに、移民を社会の一員として受け入れれば後者のような社会に向かうことになるという点で、未来の日本の姿は変わってくるはずです。

それが外国人の受け入れに関して、２０２０年代を通じて日本が選ばなければいけない本当の論点になると私は思うのです。

第6章

半グレ化する大企業とアイヒマン化する官僚たち

埼玉の参議院補欠選挙で起きた奇妙な現象

私がかつて勤務したコンサルティングファームで未来予測について叩き込まれた一番大切な教えは、「サプライズは言い訳にはならない」ということです。「どんな思いもよらない前提条件の変化でも、5年前にさかのぼってみると必ずその変化が起きる兆しを発見できる」と教わりました。だから「誰にも予想できない変化が起きたのだ」という言い訳は通用しないのだということです。

そして予兆に気づくことができるかどうかは「奇妙な現象を見逃さない」ことにかかっている。そこに未来予測のテクニックがあると教えられたのです。

政治の世界で2020年代に起きるであろうサプライズの芽について、具体的な例を挙げてみましょう。

これはみなさんがおそらく一度は目にしたはずのニュースです。テレビのニュースで見たか、新聞で読んだか。でも次の瞬間には次のニュースで忘れ去られる。そのようなニュースにも、「兆しの芽」はあるという話です。

2019年10月に行われた参議院議員の埼玉での補欠選挙で、前埼玉県知事の上田清司候補が圧倒的な得票率で当選しました。

強い支持基盤を持つ前知事の出馬で与党が対抗馬を立てることをあきらめたため、上田氏の当選は当然といえば当然の結果です。そのため投票率が20・8％と国政補選では過去4番目に低い水準となったことも話題になりました。

しかしこの選挙では、それほど報道されていないもうひとつの奇妙な現象が起きています。それは本来勝てるはずがないこの選挙に出馬した2位の候補の得票率が13・6％だったことです。それが「NHKから国民を守る党」の立花孝志候補でした。

「NHKから国民を守る党」は、前回の参議院議員選挙で選挙区の合計得票率が3％を超えて初めて政党要件を満たしたばかりの新しい党。そのN国党が埼玉県の東秩父村を除くすべての市区町村で10％を超える票を獲得したのです。

これをただの奇妙な現象だと見るか、そこに本質的な変化のトレンドがあると見るかによって、未来予測に差が出ます。

「未来の芽」であるポピュリズムの動き

この話を「未来の芽だ」と感じるのには理由があります。これと同じ現象でもっと世界経済に大きな影響を及ぼしたサプライズの前例を、私たちはすでに経験しているのです。

それは2016年のアメリカのトランプ大統領誕生であり、その結果、米中で保護主義がエスカレートして起きた関税戦争です。

2016年の大統領選挙で誕生したトランプ大統領は、公約通りこれまでのルールを破る形で関税を引き上げるとともに、従来の貿易協定も二国間交渉で大きく見直しを行いました。特にターゲットにされたのは中国とメキシコで、そのことから中国も報復的な関税見直しに出ます。

割をくったのはわが国で、アメリカへの輸出品もステンレス鋼などを中心に関税引き上げの影響を受けましたし、主力の貿易国である中国のアメリカへの輸出が減少した結果、わが国から中国への工作機械や電子部品などの原材料の輸出にもブレーキがかかります。

日本の大企業で5年間の長期計画を2014～2015年頃に作成した会社の場合は、

アメリカと中国に対するビジネス前提があまりに違ってしまい、計画通りに行った工場建設や設備増強が裏目に出てしまったケースが出ています。

そこで同じ疑問が頭をよぎります。トランプ大統領の出現は予測できなかったのか、と。

そう考えて類似例を探すと、他にも意外とたくさんあることに気づきます。イギリスでは2016年に誰も得をしないと言われたEU離脱が国民投票で決議されました。今のボリス・ジョンソン首相はそのブレグジット推進派の筆頭です。韓国では反日的なメッセージを繰り返す文在寅候補が2017年の大統領選挙で当選しました。

気づいていただきたいことは、5年前からすでにこの世界にはポピュリズムが満ち溢れる状態になっていたということです。

なぜポピュリズムの時代が始まったのか？

さて、世界にポピュリズムが蔓延するのが奇妙な現象ではなく時代の本質だと捉えたら、その変化はいつ、何が原因で起きたのでしょうか。

私は2008年のリーマンショックが時代の転換点だったと捉えています。

リーマンショック当時、大不況とともに大きな社会問題になったのが資本主義の暴走とアメリカ社会の分断です。本来はウォールストリートの金融機関が暴走してサブプライムローンという実体のない投資証券を買い漁り、その破綻が表面化したのがリーマンショックでした。しかしそれで打撃を受けたのは生活弱者です。

ローンの破綻で自宅を奪われた人だけではありません。リーマンショックが引き金でそれまで勤務していた会社が倒産したり、工場が閉鎖されたりして職を失う人が全米に続出しました。リーマンショックを総括してみると、金融システムの破綻を恐れた行政の支援によって最終的に給料の高い金融業界での雇用は守られた一方で、かつてない大不況という形で農業、工業といった伝統的な仕事に関わってきた人たちが生活に大打撃を受けることになりました。

1%の富裕層が99%の人々から富を奪っている。こういった資本主義の暴走が、この出来事をきっかけにアメリカという社会を分断したのです。

しかしここにパラドックスが発生します。資本主義は99%の国民に不満を強いるのですが、そうなると不満を持つ層が民主主義では多数派になるのです。だから選挙では国民の不満をあおる候補者が強くなる。これがポピュリズム台頭のメカニズムです。

リーマンショック後、オバマ政権が8年続いてもアメリカ国内の状況は何も変わらないことがわかってくると、不満を持つ多数派の国民が選挙で力を発揮し始めます。

私が２０１４年頃から、言い換えると大統領選挙の2年前から度々「トランプ大統領は本当に出現するかもしれない」という予測を書き始めたのはこのような背景があったからです。そしてこの未来予測前提はいまだに変わっていません。

２０２０年に行われるアメリカ大統領選挙でも、メディアの期待に反する形でトランプ大統領が再選される可能性は大きいのではないかと、私は見ています。

一方でその対抗馬となる民主党の大統領候補レースは混迷状態の中でバイデン候補が抜け出してきましたが、実力的にはやや弱い。コロナ対策で急速に民衆の支持が高まってきたクオモＮＹ州知事ならトランプ氏を撃破するかもしれません。現行の制度的にはクオモ候補が誕生するのは難しいと思いますが、世論や民主党の有力者たちの説得によってバイデン氏が辞退することになれば面白い。ここでのキーワードは国民の不満に応える政治家の台頭です。

日本でもポピュリズム爆発の危険が高まっている

さてこのメカニズムを理解すると、これから先の未来予測として何がわかるのでしょうか。

未来予測に一番重要なことは、その時代や瞬間を動かしている大きな力に気づくことです。ポピュリズムの例でいえば、搾取される側の個人の不満が水面下で大きな力を蓄えているという現実があり、その圧力が何かのきっかけでさまざまな形で爆発するシナリオを想定しておく必要があるということです。国民の不満というマグマに注目することが重要なのです。

とはいえ噴出の形まではわかりません。これから先、2020年代前半に個人の不安や不満が引き金になって起きるサプライズが、香港の大規模デモのような形になるのか、韓国の日本製品ボイコットのような形になるのか、それともまったく違う形で現れるのか。ここは現実的なシナリオを考える想像力が問われる部分です。

2020年時点では自民党政権が倒れることをイメージするのは難しいでしょう。安倍一強と呼ばれるほどの強い政権が、実績を伴って存在しています。

この安倍一強が誕生したのは野党がことごとく弱体化しているからです。そしてその原因は２００９年に誕生した民主党政権の失敗にあります。

自民党が悪い、官僚が悪いと民意をあおって誕生した民主党政権で、とにかく鳩山由紀夫と菅直人のふたりの元総理がどうしようもなかった。それで日本では「消去法で野党に投票するとひどいことになる」と国民が学習してしまいました。だから２０１０年代後半に世界がポピュリズムで染まる中で、日本だけは保守本流の政治が機能してきたのです。

しかし一方で、２０１９年７月の参議院議員通常選挙で他の野党がぱっとしない中、山本太郎代表が率いる「れいわ新選組」と立花孝志代表が率いるＮ国党がそれぞれ３％を超える有効票を獲得して法律上の政党要件を満たす躍進を見せました。

それだけではありません。２０１９年４月の統一地方選挙では、全国各地にそれまで泡《ほう》沫《まつ》候補と呼ばれていた人たちが議席を獲得するという事態が頻発しています。マック赤坂氏も晴れて議員になりましたし、中核派の議員も誕生しました。与党に対する不満票が実績のある野党ではなく、白票代わりに泡沫候補に流れているのです。

この流れを受けた10月の参院補欠選挙で、Ｎ国党に投票をした有権者が13・６％もいたというのが冒頭の「未来の芽」の話です。

日本でもポピュリズム爆発の危険が高まっていることが実感できます。仕方がないとはいえ与党が２０１９年10月に消費税率を10％にしたタイミングで、合法とはいえ「桜を見る会」に約６０００万円の税金がつぎ込まれていることが問題になり、官邸の補佐官と美人官僚の不倫出張に約２００万円の税金が使用されたというニュースが流れています。

実はこの〝スキャンダルで野党やメディアの攻撃を受ける手法〟は、安倍政権の得意な政治手法です。

消費税増税や社会保険制度の改悪、外国人労働者の増加、米軍基地問題の前進、アメリカからのトウモロコシの押し付けなど、国民が反対するとややこしくなる政策はなるべく国会での議論が紛糾しないほうがいい。官僚に実務を任せ、野党に見つからないよう前に進めたほうがいい国政の論点がたくさんあるのです。

そこで安倍総理は本質的に重要ではない批判やスキャンダルを国会での論点として取り上げさせ、そこで防戦一方に見せることで、本当に議論が必要な政策に火の粉がかからないようにするという政治手法を採るようになったようです。

安倍総理を批判する野党はこの守りを突破する能力がないため、非難をするだけで時間切れに追い込まれてしまいます。その間に重要な法案の議論をスルーさせ、無傷で通せるようになりました。

だから桜を見る会やアベノマスクで国会が紛糾するだけで、政策論議では失点少なく得点を重ねていくという結果になります。安倍政権は支持率が下がろうがとても強いのです。

しかし、その強さの副作用で国民は自民党を嫌い始めています。モリカケ問題では死者が出ているにもかかわらず、安倍政権は事件は終わったものとして蓋をしました。このまま進むと現政権までは今のやり方で逃げ切れても、安倍後継政権に入った段階で、この自民党を嫌う民意が爆発する危険性は十分にあります。

自民党がふたたび野党転落する条件

もし日本でポピュリズム政権がふたたび誕生するとしたら、それはどのようなシナリオになるでしょうか。

未来予測の立場で考えると３つの要素が同時に起きれば、自民党が崩れ野党のポピュリズム政権が誕生するような状況が２０２０年代のどこかで起きる。これはある程度の可能性がある未来シナリオだと断言できます。

３つの条件のひとつめは、安倍後継政権が弱いうえに失点を重ねること。「あれではダメだ」と民意がそっぽを向く状況が生まれることです。これは今のポスト安倍争いで誰が選ばれるか次第ではありますが、起こりうるシナリオのひとつです。

ふたつめの条件は、野党の対抗馬としてカリスマが立つことです。現役の政治家でこの条件に一番近いのが山本太郎代表です。彼の選挙演説を見た人であればわかると思いますが、とにかくその人気と人心掌握力はすごいものがあります。

ただ弱点としては野党で唯一共闘してくれるのが共産党だということからもわかる通り、政治思想が左に寄りすぎていることです。日本でポピュリズム政権が誕生するとしたら、保守思想の中でのカリスマが立ったほうが票は得やすい。

その観点から政治家・元政治家の中でこの条件に一番合うのは橋下徹さんです。彼のような存在が、民主党の色の薄い別の保守野党を率いて立つような流れが起きれば、国民の不満が高まる２０２０年代中盤から後半にかけて政権交代の機運が起きる可能性が出てきます。小池百合子都知事も同様の強みがあるでしょう。

そしてそこに加わる3つめの条件が重要なのですが、「与党自民党が賛成できないアジェンダが国政選挙の争点となること」です。具体的に言うと「NHK解体」がその最有力候補です。

歴史的にみるとポピュリズム政権が民主主義の下で誕生する場面では、国民の怒りが何かに向かって噴出することになります。カリスマ候補者はその怒りを向ける矛先を選挙のアジェンダとして利用します。

そしてそのアジェンダは不幸なことに理性的論理的である必要がない。「ユダヤ人が悪い」「共産党員が国家を転覆させようとしている」「メキシコ人が悪い」「みんな日本が悪いんだ」。このような過去世界のどこかの国で誕生したポピュリズム政権のリーダーが選挙で口にしていた言葉をみれば、そのこと自体には賛同できなくてもそういうメカニズムが選挙を有利に進めることは理解できると思います。

そして、たったひとつのアジェンダを巡って戦うことになった選挙では地すべり的勝利が起きやすい。

具体例でいえば自民党内の意見が分裂して起きた2005年の衆院解散総選挙では、「郵政民営化をするのかしないのか」をシングルアジェンダとした小泉政権が3分の2の議席を獲得し大勝利をおさめました。

もうひとつ類似例を挙げれば、小池百合子都知事と自民党の都議会勢力の対決の場となった２０１７年の東京都議会選挙です。「豊洲移転の延期の是非」が最大アジェンダとなった結果、「都民ファーストの会」が都議会で最大与党となり、自民党は１２７議席の中のわずか23議席しか獲得できず都議会野党へと転落しました。

２０２０年代に台頭するであろうポピュリズム政治家が、そのカリスマ性を武器に政権交代を狙う選挙では、国民の多数が憎悪する対象を最大争点として生み出すことが重要な選挙戦術となります。

その観点では、政権交代を実現するために「ＮＨＫ解体」は攻める側の論点としては都合がいい。法律で国民に強制的に受信契約をさせる権利があるＮＨＫは、国民の不満を集めやすい。それでいてスマートフォンからも受信料を取るなどと言い出しているため国民の憎悪を向けやすいからです。

ポピュリズムの観点からは、ＮＨＫは選挙の恰好の論点になりえます。たとえそれが理性的・理知的なアジェンダであろうとなかろうとです。

ブラックビジネスが進化している

さて２０２０年代の日本の政治的なリスクとして、もうひとつ、とても気になる「未来の芽」の話をしたいと思います。これもまだ気づいている人が少ない話、そして話としては政治の世界からいったん離れた経済の世界に起きている「芽」の話。しかし最後は政治に戻る話をしたいと思います。

２０１９年10月５日にジャーナリストの石野純也さんが「Uber Eats頼んだら、配送30分ぐらい遅れたうえに、スープこぼされてグチャグチャになってた」とツイッター上で訴えました。そのため石野さんが受け取りを拒否したところ、ウーバーイーツの配達員は料理をマンションの共有部分にぶちまけて帰ってしまったそうです。

この件について石野さんがウーバーのサポートセンターに連絡を入れたところ、「配達員は個人事業主だから、ウーバーは関与できない」と問題の処理を拒否されたそうで、ネット上ではむしろその本部対応のほうが問題視されました。

これが企業の中で従業員が顧客に対して同じような行為を働いた事件だったとしたらど

うでしょう。人間が集まった組織が企業なので、一部の従業員がそういった行為を働くことは実際にはあります。そのときに会社組織は誠意をもって謝罪をし掃除回収をし、必要であれば補償をしたうえで、従業員全体を教育し同じことが起きないように徹底するというのが従来型企業の行動規範です。

しかしウーバーのビジネスモデルでは、ウーバーイーツというのは個人事業主と顧客をつなぐインフラであるので、配達員の不祥事には責任をとる必要がないことになります。類似例でいえば、フリマサイトで売り手が買い手を騙した場合にはその売り手の評価が下がるだけで、サイト自体が謝罪をすることはないのと同じです。

これは非常に巧妙にできたビジネスモデルで、実質的にはさまざまな飲食店のデリバリーを代行するビジネスとして成長しながらも、個々の配達員の不祥事には責任をとらなくてもいいことになる。そして責任がないということは従来型企業の従業員で起きるケースのようなコストはかからないという仕組みです。

しかもインフラ運営会社としての立ち位置で「お客さまに責任を持って運営をしています。サービスのクオリティを維持するために、悪質だと客観的に判断される行為については配達パートナーへの警告など必要な措置をとっています」という美しい声明を出すことができる。会社に悪い点がないという意味ではブラック企業ではありません。

しかし実際には消費者が被害を受けるという事態が発生します。ウーバーイーツの配達員については自転車での交通事故を起こすケースもいくつか報告されています。この配達員の起こす交通事故についても、個人事業主が起こした事故なのでインフラ側には責任がないビジネスモデルになっています。

ただ実際には、配達員の側には起こした事故を補償するだけの十分なお金がない。お金を稼ぐためにウーバーイーツの配達員をしているわけですから、そういったケースが多いのは当然です。配達員がそれを見越して個人で自転車事故の保険に入っていたという話があって、しかし加入した保険の規定ではビジネスで起こした事故は補償されないことを事故を起こすまで知らなかったという悲惨なケースもあります。

ではウーバーイーツの配達員が起こす事故について、ウーバーは責任を持つ必要があるのか？　法律的には「ない」わけです。ウーバーとしてはこういったことが再発しないように警告を出し、不祥事を起こした配達パートナーは契約を打ち切ることができる。切り捨てていけば全体の品質は向上します。

ホワイトのつもりが「半グレ化」していく大企業

このようにビジネスモデル全体でみると反社会的な不利益が出ているにもかかわらず、企業本体はクリーンであると主張できるビジネスモデルが増えています。

法律上正しいからブラック企業ではない。むしろ企業本体はホワイトです。しかしビジネスモデル全体ではグレーだと思われる。これを表現するいい言葉があります。「半グレ企業」というレッテルはいかがでしょうか。

そう捉えてみると、このところ日本企業の半グレ化がどんどん進んでいることに気づくことができます。

もともとは反社会勢力についての用語である半グレ。組織犯罪を行う完全なブラックな存在ではなく、法律すれすれだったり、誰がどのように法律を違反しているのかが把握されにくい、そのために従来の法律では取り締まりにくい、そのような存在が問題視されています。

この問題との類似性でいえば、世の中で企業の半グレ化が進んでいます。大企業の場合、組織の中で法律を違反するような問題は即座に咎《とが》められる時代になっている。そのことが背景にあるのではないでしょうか。企業の不祥事防止のためのコンプライアンス強化、責任所在の外部化が進み、そのことが新しい社会問題を生み始めています。

反社会勢力の場合に警察庁が半グレと認識する集団では、意外なことにトップと目される人物が「自分は違法なことは一切やっていない」という認識を持っています。自分たちは楽しく知能的に世渡りをしているだけだというのです。

ただ彼らが睨みをきかせると、下の人間が勝手に脅されたと思い込んだり気持ちが追い込まれたりして「犯罪をすることがある」。裏社会での半グレは集団としてみれば罪を犯しているのですが、しかし指定暴力団のような組織ではなく、あくまで集団を構成する独立した個々人の主体的な行動として罪を犯す者がいて、自分には関係ないと半グレのトップは言い逃れができるのです。

それと似た現象が企業にも起きています。企業自体はとてもクリーンなのですが、その企業を中心に行われているサービス全体には社会問題が生まれる。しかし仕組みが非常に巧妙に作られているので、中心と目される企業にその責任はない。それが半グレ企業化という新しい社会問題だと私は認識しています。

責任の所在がわからない社会問題が増えている

昨年はこんな問題も社会問題になりました。クリエイターの渡部学さんが生み出した「もにまるず」というキャラクター商品と酷似した商品が100円ショップで「ぷにゅぷにゅあにまる」という名前で売られていることをご本人が発見しました。

もにまるずは手作りでひとつ1000円で売っているのに対して、ぷにゅぷにゅあにまるは大量生産で100円で売られている。渡部さんが抗議をしたところ、100円ショップ側は「調査するが、基本的には製造メーカーに責任がある。商品はすでに終売している」(「ねとらぼ」2019年10月13日公開の記事より)と回答したそうです。ここには「法的にはこの回答にも理がある」という割り切れない問題が存在しています。

別の問題ですが、公正取引委員会が飲食店情報サイトについて「参加店舗に不当な条件を押し付けたりしていないか」を調査開始したことが発表されました。ある飲食店情報サイトといくつもの飲食店との間で問題になっていた事案について、ようやく公取委がメスをいれることにしたというケースです。

その数年前に問題となった口コミサイトでは、それまで点数が高かった飲食店の点数がいっせいに低くなる事件が実際に起きました。それは情報サイト側がアルゴリズムを変更したためだと説明されました。

一方でこの当時、この飲食店情報サイトの営業マンが飲食店に対して「有料サービスを購入すると点数が上がる」という営業をしていたことが複数の飲食店から証言され、社会問題になったのです。その後、会社は有料サービスを購入することと点数やランキングには関係がないと声明を出したのですが、飲食店の側に話を聞いてみると気持ちは穏やかではなかったようです。

なにしろ点数のアルゴリズムは、運営会社は企業秘密としていっさい公表しません。でも実際には自分の店は点数が大きく下がっている。一方で急に3・55のように高い点数になった飲食店がたくさんある。そして新たに高い点数になったお店が有料サービスに入っているところまでは飲食店が調べてもわかるのです。

運営会社の話を信じるか、営業マンの話を信じるか、飲食店の側はとても迷うことになるわけです。そして公取委の視点から見れば、加盟店を不安な気持ちにさせたうえで行うビジネスがフェアなものかどうかについて「調査が必要だ」ということになるわけです。

問題は起きても企業はクリーン

実際に大企業はコンプライアンスを重視することにより、ここ十数年で以前よりもずっと強固に自分たち本体はクリーンである状況を作り上げることに成功しています。働き方改革の中で社会問題となっているコンビニも、問題構造としては同じです。

コンビニの本部と加盟店の関係はウーバーイーツと同じで企業と個人事業主の関係なので、従業員に対するような責任は発生しません。

実際に本部が厳しい要求を出していても、個人事業主側が自分の判断で過重労働を行っているだけで、本部には責任はないと主張します。一方で、本部の意向に沿った営業ができないオーナーとの契約を打ち切る権利も保有しています。

たとえば、コンビニの現場ではクリスマスケーキや恵方巻をオーナーが過剰に仕入れたうえで、それをアルバイトの店員に強制的に買わせるという不正が起きていることが報告されています。あきらかな違法行為です。

この問題について日本の法律で罰せられるべきは個人事業主であるオーナーです。コンビニ本部はホワイトで、安全な立場からオーナーの契約を打ち切ることで関係に終止符を打ちます。そのうえで「特定の加盟店で不正があり契約を打ち切りました。他の加盟店でこのような事象は確認されていません」とお詫びのプレスリリースを打てば、それでこの問題は終了します。

同様にお笑い芸人の大手会社が所属芸人ともめたとしても、それもまた会社と事業主の間の問題であって、従業員に対するパワハラのような企業責任は発生しません。

そう捉えると、コンプライアンス強化が叫ばれるようになってから15年ほどの間に、日本の大企業は大なり小なり半グレ化が進んでいることが理解できます。

過去15年かけて企業の法務部は弁護士のサポートをうけながら、法的に自分を安全なところに置くビジネスモデルを時間とお金をかけて構築していったのです。大企業はどんどんクリーンでホワイトな存在になっていった。一方で、ブラックなのは社会の底辺に属する個人事業主ばかり。このメカニズムで日本経済は成長していったのです。

問題は同じ根から発生している

さて長い話になりましたが、ここまでがあくまで「芽」の話です。未来についての変化はこの先にあります。

この企業の半グレ化について、未来の「兆しの芽」としてどこに本質があるのでしょうか。私は、社会の風潮が変化していることに最大の危険があると思います。この問題をわかりやすく高校生の例で説明しましょう。

仮に腕力が強く怖いA君と、気弱でおどおどしたB君がいたとします。A君がB君に「おい、おまえ、あそこからパンを万引きしてこい」と脅します。B君は断り切れずに万引きして捕まります。

で、高校を退学になるのはA君なのかB君なのかという問題です。

江戸時代から明治、大正時代にかけての伝統的な日本社会では、このような場合に罰せられるべきはA君でした。それが社会の風潮が変化して、令和の日本で罰せられるのはB君のほうになってきた。

実際に今の世の中がそうなっていることは、読者のみなさんもご存じの通りです。いくらB君の保護者が訴えても、校長先生は「私が調べた範囲ではいじめの事実はない」と言いますし、県の教育委員会も「高校の対応は適切だ」と主張します。

個々人の意見は違っても、社会全体ではB君が退学になる社会を私たちは作りあげてきた。そしてB君を切り捨てる教育が、個人を切り捨てる社会を生みました。

この視点で捉えると、企業の半グレ化の問題だけでなく、近年お茶の間をにぎわしている政治問題も同じ根につながる話であることに気づくと思います。

「桜を見る会」の問題、「森友・加計学園」の問題などどのような政治問題でも、政権側がていねいに説明をすることで、政権中枢側はホワイトであることがあくまで形式的にではありますが立証されていく。

もちろん問題が起きているわけなので、不適切な対応をしていた犯人が見つかったらその弱者は切り捨てられます。

では、そのような「芽」の話から日本のどのような未来が予測できるのでしょうか。

現実問題としていま認識しておくべきなのは、この社会風潮の一番の問題として、日本が誇ってきた官僚機構が弱体化してしまっているということです。

アイヒマン化が進む日本の官僚

昭和の時代の日本の良い面でもあり弱点でもあると言われてきたのが、強い官僚が実質的に政治を動かしてきたという政治構造でした。

政策も法案も専門家である官僚の手にかからないと作ることができない。政治家は官僚が提言する政策を全面的に追認するか、部分的に修正を指示するかといった選択肢しかない。これが日本の官僚政治の実態でした。

そして昭和の時代、官僚の地位は官僚の間で守られてきた。政治家が幹部人事に口を出すことができなかった。そのことで政治家ははがゆい思いをしてきたものです。

そこに風穴があいたのが平成30年間の変化です。徐々に官僚の権限を奪い、現在では1府11省2庁の上位約600の官僚のポジションは官邸が決めることができるようになりました。

人事を握られた結果、日本の官僚はイエスマン化が進みます。政治家に「ノー」を突き付ける骨のある官僚が徐々に排除されていった結果、そこに至ったという話です。たとえていえば、政治家に「おい、パン買ってこい！」と言われても気にせずにパンを買いに行ける官僚が今の組織の上のほうに残っていきます。

ところがイエスマン化と同時に、日本社会全体に「半グレ化」の風潮が広まってしまいました。そのことで官僚はイエスマンからアイヒマンへと変質します。

心理学の世界にアイヒマン実験という有名な実験があります。

被験者に「大学の実験に協力してほしい」と頼んで操作パネルの補助役を頼みます。隣の部屋に偽の被験者がいて、教授の出す問題に失敗すると体に電流が流されると聞かされます。間違えるたびに流す電流は強くなり隣の部屋からは悲鳴が聞こえる。

補助役に選ばれた人はその電流を流すダイヤルを操作するのですが、教授の指示通りにやると「危険」と書かれた位置よりも上に目盛が進んでしまう。そのような状況での実験です。

被験者の多くは最初は教授に対して反対意見を言うのですが、そこで教授に頭ごなしに「大丈夫だ」「これは実験だから」「流さないといけないんだ」と繰り返されると、ほとんどの人が「危険」よりも上の電流を流すようになります。

隣の部屋の被験者はそのことで大きな叫び声をあげ、最後には何も言わなくなります。

それでも被験者の多くは、ダイヤルを上げ続ける。もちろん本当はダイヤルを上げても電流は流れておらず、隣の部屋の声は演技なのですが、ほとんどの被験者は人が苦しんでいても、息絶えたように見えても、命令に従うことがわかりました。

アイヒマンというのはアウシュヴィッツでのユダヤ人虐殺に中心的に関わったナチス親衛隊将校です。戦後逮捕され処刑されるのですが、あれだけの悪行を働いた人物であるにもかかわらず、裁判で彼が小役人的な平凡な人間だったことがわかると世界は驚愕しました。

アイヒマン実験からわかったことは、人間の多くはそれが悪いことだとわかっていても、上から命令されるとそれを実行してしまうということです。

日本のお役所で1府11省2庁の中央官庁よりも先に、昭和の後半段階ですでにアイヒマン化が進んでしまっていたのが裁判所です。違憲判決を下した裁判官を裁判から外す人事が繰り返された結果、1970年代には国に不利な判決を下す裁判官が一掃されてしまいました。これから先、令和の時代の日本の省庁がどう変わるかは、この裁判所のありさまを見れば想像がつくでしょう。

日本の官僚社会では矜持《きょうじ》として、国益を第一に考え行動するという考え方で国を動かしてきました。

その官僚が文春の森友問題でみなさんご存じの通り、記録を廃棄したり、虚偽の答弁をしたり。アイヒマン化が６００人レベルで進んでいるのです。

官僚のアイヒマン化は政治家が正しいことをやってくれる前提では機能します。

しかし問題は、そのように国にとって正しい行動だけをしてくれる政治家は歴史上圧倒的に少数派だということです。冷戦時の共産圏では官僚のアイヒマン化が東側全体で進行し、指導部の下で腐敗しました。

今、日本の官僚は半グレ政治家たちの行状をあきらめて、日々無関心を装ってやり過ごしていると思います。しかしこれから先の日本で嫌悪感をいだくだけでは済まなくなるような、今よりもずっと黒い政治家が日本のトップにつく可能性だって十分にあるのです。

私が「官僚人事を官邸に移したことが失敗だ」と考える最大の理由はここです。現在の日本の統治機構は誰がトップにきても大丈夫なフェールセーフ（自然に安全制御が行われる設計）の発想で構築されてはいない。仮にブラック政治家がトップに座る日がきたら、それを防ぐ手立てがない体制に官僚機構を変えてしまったことが問題なのです。

その前提で、この章の前半にお話しした通り、２０２０年代の中盤から後半に、ポピュリズムのカリスマによる政権交代が起きる可能性がある。

その日は日本の政治機構が国民に牙をむくようになるはじまりの日になるでしょう。

そしてこのことが「桜を見る会」問題の茶番から垣間見える未来の兆しの芽の本質であり、10年後の日本に降りかかってくる最大の災難を予見させる問題なのです。

そして退廃と堕落の2030年がやってくる

それまで信じてきた世界がいとも簡単に崩壊する。これをアノミーといいます。

日本の官僚の世界は国を背負うという信念と矜持に基盤を置いた権力闘争の世界でした。今の官僚は悲しいことに、その権力闘争の終盤において、勝ち残るための原理原則が崩壊してしまいました。それまで自信に満ち溢れていた官僚たちも、昨今の国会答弁での焦燥感は見る影もありません。

これと同じイデオロギー崩壊が、本書で予言してきたさまざまな社会、経済、グローバルの側面で2020年代を通じて起きていきます。

私たちは日々自分が与えられた仕事に実直に取り組んでいくことでいずれ社会の中で報われると信じて生きています。

しかし日本で最大級の雇用を確保してきた自動車産業で構造崩壊が起き、同様に小売業で多くの職場が倒産の危機に瀕していく。さらにＩＴとＡＩは正社員の仕事を奪い、年金制度の崩壊にともなって高齢者になっても働き続けなければ生活が成り立たない。その先にあるのは「まじめに働くことで報われる社会の崩壊」です。

同時に気候変動による災害、新型の疫病の蔓延など、ふいにそれまでの安定した生活が終わることを多くの国民が経験をしていく時代でもあります。「安定した未来の崩壊」も同時に起きるのです。

そうなると社会全体でアノミーが起きます。その果てにあるものが何かというと、退廃と堕落の時代です。

現代史上、アノミーを経た退廃と堕落の時代は少なくとも二度出現しています。一度目の退廃の時代は１９２０年代。パリではこの時代を「退廃の20年代」と呼びました。

きっかけは１９１８年に終わった第一次世界大戦でした。この第一次世界大戦は歴史的にもかつてないほどの大規模な戦争だったことに加えて、近代兵器が出現したことで莫大な数の犠牲者を出した最初の戦争になりました。

ヨーロッパの広い範囲が戦場となり、誰もが「自分がもうすぐ死んでしまうかもしれない」と恐怖しながら過ごす日々が続きます。

命を失った者もそうですが、負傷者も同様にこれまでの戦争にはなかったような形で身体の一部を奪われ、戦争が終わるまでずっとヨーロッパ中を暗い空気が覆う、そんな時代になりました。

そしてこの戦争を生き残った人たちは、

「せっかく拾った人生だ。享楽的にそして退廃的に毎日を過ごしていこう」

と考えるようになり、それがパリの退廃の1920年代を生んだと言われています。

二度目は1945年から1947年にかけての終戦直後の日本。日本もこの敗戦で、たくさんの人がすべてを失いました。すべてというのは家屋、家族や知人の命、財産という意味もありますが、同時に、それまで信じてきたすべての「人間のあるべき姿」についての信条も失ってしまいます。

そしてそれまで皇国の勇敢な兵士だった者たちが闇屋に堕ち、聖女だった者たちが娼婦に身をやつします。

この時代、無軌道な若者による犯罪が流行し、それはアプレゲール犯罪、つまりこれまでの常識や道徳が崩壊した人たちによる犯罪だと呼ばれました。戦後の日本ではイデオロギー崩壊によるアノミーが起き、そのことにより社会は無規範状態となってしまいます。その中でなぜ勇士だった者が闇屋に堕ち、聖女だった者が娼婦に堕ちるのか。日本人すべてがそのことに疑問を感じていました。

この時代のベストセラーに坂口安吾という作家の『堕落論』という評論があったことをご存じでしょうか。堕落論は〝生きていることは堕ちる〟ことであり、〝人間だから堕ちるのだ〟ということをつづることで、

「私たちはただ人間に戻ったのだ」

という視点で、終戦直後の時代を喝破《かっぱ》し、そのことによってアノミーに陥った当時の日本人に、進むべき新しい方向を示したといいます。

第一次世界大戦後のパリと、第二次世界大戦後の日本、どちらにも退廃と堕落の時代が訪れました。そしてその原因はアノミーです。これまで正しいと信じてきたイデオロギーが時代の中で通用しなくなるのです。

おそらく2030年までにはこれまでお話ししてきた激動の要因の果てに、日本社会にアノミーが訪れるはずです。これは怖い予言ですが、相応の確率で現実になるのではないかと私は考えています。

実際どうでしょうか。多くの読者のみなさんがさまざまな日本社会のイデオロギーを信じながら、平成の時代を生きてきたはずです。

「年金は将来のために払う。それはあたりまえだ」

「会社のやっていることは正しい」

「勤勉であることが重要だ。顧客のために働く社員が最終的には会社にも認められる」

「誠実に暮らすことが大切だ。神様は必ずそのことを見ている」

「平和を大切にしよう。そうすることで戦争は起きなくなる」

「将来のために貯金をしよう。銀行にお金を預けよう」

こういった日本社会のイデオロギーが２０２０年代にはつぎつぎと崩壊します。

一旦、世の中がアノミーに陥れば、その後に自然と退廃と堕落が訪れる。それは私たちが人間だからです。そして激動の時代の果ての２０３０年には必ず、退廃と堕落が訪れる。私たちはその未来を生き延びるつもりで世界を見据えなければならないのです。

第7章

日本崩壊を止めるには

未来予測が外れる話

この最後の章は救いの話から始めたいと思います。その救いとは「未来予測はある条件によってしばしば外れる」ということです。

この本で紹介した話の中で、私が一番外してしまったのが２００７年頃から言い始めた「任天堂の経営危機」についての予言でした。これは第2章でも触れた話です。私がそう言いだしたきっかけは、当時アメリカで発表されたばかりのiPhoneを購入したことでした。

それ以前にもいわゆるガラケーにゲーム需要の一部がシフトしていたのですが、スマホの出現で、ゲームのプラットフォームは完全にネットとスマホに移行すると私は予測したのです。そしてこの予測はそれから10年でいったん現実のものになりました。

任天堂の当時の株価の頂点は２００７年11月に記録した７万３２００円で、時価総額で10兆円弱という日本企業のトップランクに位置していました。業績の頂点は２００９年３月期の売上高１・８兆円、営業利益５５５２億円です。

そしてスマホブームがやってくると任天堂はそこからわずか3年で売上高を3分の1近い6476億円まで減らし、営業損失373億円の赤字企業へと転落します。株価は絶頂期から9割近く下落し、時価総額1・0兆円まで企業価値を落とします。それからの6年は任天堂にとって最悪の時期で、赤字と黒字を行ったり来たりしながら減収が続き、2017年3月には売上高4890億円まで事業規模は縮小してしまいました。

経済評論家の私はこの間、「スマホゲーム全盛の今、いまだにゲーム機にこだわり続ける任天堂の姿勢から、5年以内に行き詰まる可能性がある企業だ」と言い続けていました。

その予言が完全に外れてしまいます。

転換点となったのは2017年に発売された任天堂のスイッチです。据え置き型のゲーム機でありながら携帯型ゲーム機としても利用できる。そしてスマホでは処理できない超高速の画像処理能力を持ち、マリオ、ポケモン、ドラクエといった人気コンテンツを武器にユーザーの圧倒的支持を集め、それを武器にビジネスモデルとしては会員のネットワーク化にも成功した。これは完全な逆転劇でした。

完成してみればスイッチはスマホゲームが時代遅れとなるほどの存在感となり、その成功で2018年には任天堂の時価総額は6・5兆円まで戻し、売上高は2019年3月期には1・2兆円へとV字回復します。

私はこのように経済についての予言をしばしば外します。そして外すたびに思うのですが、企業は企業という記号的な存在ではなく、夢を持った人間の集団であるということです。人間たちが窮地に陥ってもあきらめず未来にチャレンジする。その力が未来を変えるのを目の当たりにするたびに、感動をおぼえる。それは素晴らしいことだと思っています。

予言された未来はしばしば人間の力で変えることができる。

では2020年代、日本が壊れる10年間という予言は、私たちの手で変えることができるのでしょうか。

本書が予測する2020年代の日本の崩壊

ここでこれまで本書で予測してきた2020年代の姿についてまとめてみましょう。

まずコロナショック後の経済の立ち直りで日本は世界の先進国の中で立ち遅れます。観光産業、飲食業など痛手の大きい業種で倒産や廃業が相次ぎ、景気が落ち込みます。

その後、日本を代表する企業の安定が大きく崩れ始めます。自動車産業においてトヨタが盟主の座を降りるとともに、アマゾンエフェクトによって多くの小売業が衰退します。労働環境としてはコロナがきっかけで業務の効率化が促進され、同時にＡＩが発展することによりホワイトカラー正社員の仕事が消滅し、非正規労働者が労働人口の多数派になります。そして70代になった高齢者がまだ働かなければならない社会となるとともに、外国人労働者が激増することになります。

これらの変化は日本のＧＤＰを縮小させ、企業の株価は長期下落に転じます。社会環境としては少子高齢化が進行するとともに、地方都市だけでなくいよいよ大都市圏の過疎化が進行します。首都圏でも空き家が目立ち、若者の姿も今よりも相対的に少なくなっていきます。日本社会が老いていくのです。

そしてこれからの10年間は災害が増加する10年でもあります。気候災害としては地球温暖化で豪雨災害や熱波が繰り返し起きるようになります。また２０１４年のデング熱、２０１５年のジカ熱のようなそれまで熱帯地方でしか発生しなかった病気や、２０２０年の新型コロナウイルスのような新しいタイプの伝染病が２０２０年代の社会の不安をふたたびあおるようになるかもしれません。

経済面で中流が消滅し新下流層が増大することと政府財源が縮小することにより、社会保障やセーフティーネットが縮小し不安な社会となる中で、政治の世界ではポピュリズム的な政治家が台頭し、自民党がふたたび野党に下野する可能性は十分にあります。

そしてこれだけの社会変化が起きてしまうと、私たちの中でそれまで信じてきた社会についての考え方が崩壊するアノミーが起き、2030年の日本では享楽と退廃が社会を覆うようになるでしょう。国民の大半は何をしていいのか途方に暮れ、若い世代のそれからの一生の大半はスマホの画面を眺めながら終えることになる。予言されるのはそのように暗い日本の未来です。


では救いはどこにあるのでしょうか。本書で解説している予言は、高い確率で起こりうる未来を予測する方法論に基づいた予言です。これをスポーツに置き換えて考えてみると、高い確率で勝つ本命を予測しているのと同じです。

競馬が好きな方はオッズでイメージしてください。私の「トヨタが2020年代に衰退する」という予言がオッズでいえば1・9倍ぐらいの高い確率だったとしても、「トヨタが大逆転でアマゾンを超える世界一の企業になる」未来だって28倍ぐらいのオッズで起こりうる未来かもしれません。

テニスの四大大会で全盛期のジョコビッチが優勝すると予言をした場合を考えてみるとわかります。イギリスのブックメーカーの掛け率は圧倒的にジョコビッチが高くても、錦織圭が勝つ可能性はある。問題はどう勝つかの戦略です。

だとすれば読者のみなさんが関心を寄せるのは、

「どうすればそのような未来に変えることができるのか?」

という疑問に集約されるはずです。いったいこの未来はどうしたら変えることができるのでしょうか。

変えられない未来と変えることができる未来

どうすれば未来を良い方向に変えることができるのか?

それを考えるために重要な視点は、未来予測のうちで変えられないものと変えられるものをきちんと分けて捉えることです。まずここから始めてみましょう。

比較的変えることが難しいのは、まず人口問題それ自体の構造です。日本社会の少子高齢化は少なくとも20年先までは決まった未来です。しかしその構造を少しでも変えられるのは第5章で述べた移民政策にどこまで踏み切るかです。

同様の視点で解消が難しいものに地球温暖化問題があります。これは、温室効果ガスの排出削減の努力をしても、地球の温度上昇ペースがゆっくりになるだけで止めることはできない、という問題を内在しています。しかしコロナショックでリモートワークが成立することを私たちが学んだことで、車や飛行機での移動が減るかもしれません。よりエコな形でのワークスタイルが広まることで、予言のペースがゆっくりになる可能性はあるでしょう。

一方で一見なんとかなりそうに見えて変えるのが難しいのが、正社員の消滅と非正規労働者の増加の問題、医療費や社会保障費などセーフティーネットの破綻の問題、そして国民の不満の背景で台頭するポピュリズムの問題です。

これらの問題はそれぞれが表裏をなしているのですが、根本の部分で資本主義と民主主義の欠陥がもたらす悪い未来です。ですから、解決するには現代社会を動かしているこの資本主義と民主主義の原理に手を加える必要がある。だから解決は難しい。

しかしここに別の芽があります。コロナを通じて世界が学んだことのひとつが、政治システムによって対応の巧拙に差が出たことです。特に中国が最初に最大規模の感染拡大を起こしたにもかかわらず、その後のロックダウン策で世界で一番早く事態を収束させたことは注目を集めています。

このことから政治システムを変えることが国家戦略につながるという新しい思想が芽生えてくるでしょう。デジタルチャイナという新しい言葉がありますが、そのひとつの側面としてITやAIを駆使しSNSさえコントロールした新しい監視社会論が自由主義各国でも浮上してくる可能性があり、これはこの後で述べるデジタルチャイナのリスクを含めて未来の大きな不確定要素になるでしょう。

日本の政治システムの問題の中でリーダーの決断でなんとかしてほしいのが、官僚の正常化です。官邸が人事権を握ったことによって起きた官僚のアイヒマン化の問題は、このまま放置すれば確実に2020年代の日本の政治行政の病巣になります。

モリカケ問題や桜を見る会の問題などで収まっているうちは社会への実害がまだ少ないのですが、実際には欧米で問題を引き起こしているグリホサートのような発がん性が疑われる農薬が海外のゴリ押しで日本で認可されてしまったり、2000年代に海外で明らかな失敗を引き起こしたことでその問題性が危惧されているグローバルな水資源メジャー企業による上水道の民営化のような政策が今になって日本の自治体に忍び寄ってきたりという、政治主導の社会問題が日本でも起きつつあります。

かつてない悪い変化が起きる時代を乗り切るには、霞が関という日本最高のシンクタンクの頭脳をフル活用するしかありません。そのために必要なことが官邸から霞が関への権限移譲です。官邸が人事権を手放せば日本の頭脳は萎縮から活躍に転じます。

以前の日本の官僚政治支配については賛否があることは私も理解していますが、今の官邸主導方式は、もし政権がポピュリズムで交代したらそのときに国民に牙をむく危険性がある。その意味で今のうちに変える政治判断をしておくべきだと私は強く思うのです。

ワークスタイルから変わる未来

新型コロナがきっかけとなった世界的なワークスタイルの変化は、未来を良い方向に変えてくれるのでしょうか。ここは少し期待すべき変化だと私は思います。

日本は長らく「第三次産業の生産性が低い国だ」と言われてきました。工業では世界一の高い生産性を誇る一方で、サービス業や流通業ではデジタルトランスフォーメーションに出遅れ、欧米企業のようなローコストな企業運営ができなかった。

その理由のひとつが社会的な慣習です。儀礼的な会議や根回しの習慣、形式的な書類への捺印といった慣習的なルールに会社の業務が縛られています。メールで済むところをわざわざ相手の会社に出向くのも、礼を重んじるという社会的な規範に基づいての行動だったりします。

新型コロナでリモートワークに移行せざるを得なくなってみて、あらためて多くの企業がそういったビジネス文化を取り払うメリットを実感しました。緊急避難的にそれまでのやり方を変えてみたら、それはそれでアリだと気づいたわけです。

このことは短期的に経済にマイナスを及ぼす一方で、10年の単位でみると世界全体を良い方向に変えていく可能性があります。

短期的なマイナスとは業務が見直されることで多くの非正規労働者が仕事を失うことです。会議がウェブ会議に移行することで出張も減り、世界的に航空会社やホテル業界が打撃を受けることも予想されます。

しかしその打撃は長期的にみると温室効果ガスの増加ペースを落としますし、日本の人ロピラミッド崩壊を支える労働余力を生み出しそうです。

たとえば医療や介護の現場は長らく生産性が問題になっていましたが、日本人の多くがZoomによるウェブ会議を経験したことで、現場にZoomを導入する可能性を業界関係者が気づくようになりました。

長期入院のような場合をイメージしていただいて、個室なのにあたかも大部屋のように他の人と会話をしたり看護師さんや介護士さんとリモートで話ができる。ないしは家族とも日常的に接することができる。そういったこれまでイメージできなかったような新しい高齢者のライフスタイルが誕生するというプラスの側面が期待できると思います。

一律10万円給付金は「ベーシックインカム」の社会実験

日本経済の将来を考えると、実はコロナ対策の中で一番重要なのが一律10万円の給付金政策だと思います。これは実は日本初の本格的なベーシックインカム実験だと言えます。

よく生活保護と混同されるのですが、ベーシックインカムは安定した収入のある人を含め、なるべく対象を広く、生活の基本となる金額を国や自治体が配る政策です。これはワーキングプアが社会問題となったり、近い将来人工知能が人間の仕事を奪いそうだということから急速に広まった新しい経済政策で、理論的には有効なのではないかと言われていますが、あくまで実験的にしか行われていませんでした。

新型コロナで収入が激減したところに広く10万円を配り、皆が生活が成り立つようにするというのはまさにこのベーシックインカムの考え方に沿った政策なのです。

ただ今回の給付金予算は12兆８８００億円ですので、それで１回っきり10万円を配布しても、生活費に消えるか不安解消目的で貯金に回るぐらいの使われ方しかされずに、経済が上向きになる効果は少ないはずです。

本当はそうではなく、１２０兆円ぐらいの予算を確保して10か月ぐらい連続して毎月、日本の住民全員に一律10万円を配布すべきだったのではないかと私は思います。これは期間限定のベーシックインカムを導入したのと同じ経済効果を生みます。

毎月安定してお金が入ってくるのであれば、新型コロナで収入が途絶えた困窮層もお金を消費に回せます。逆に安定した収入があるサラリーマンの３人家族では、合計で３００万円の臨時収入になります。そうなると車を買い替えたり、冷蔵庫を新しくしたりということになる。結果的に消費停滞が予想される耐久消費財が売れるようになります。

このように給付金が消費に回ると、「乗数効果」といってお金を受け取った人がまた使うようになります。まさに金は天下の回りものという言葉通り、1回の消費から2・5倍くらいの消費が生まれるようになるのです。

120兆円のベーシックインカム予算を確保すべきだというのは、乗数効果を含めて300兆円の消費が上乗せされる可能性が出てくるからです。日本のGDPは約550兆円ですから、もしそうなればコロナ不況は一気にコロナ景気へと変わるでしょう。

残念なことに、10万円の給付金政策はもともと政府がやりたかった政策ではありませんでした。対象規模の小さい30万円給付策ではだめだということで公明党がねじこんで逆転させた政策なので、今の政権にはそれを拡大して景気対策にするだけの気概は期待できないでしょう。

ただコロナの世界的な拡大のせいで、先進国ではベーシックインカム的に日本を上回る給付金を交付する国がたくさん出てきています。そうすると、これまで机上の理論だったベーシックインカム政策がどれくらい経済に有効なのかを判断できる基礎データが揃うことになります。

だとすれば、2020年代後半には先進国の間でベーシックインカム政策の有効性が理解され、世の中から貧困を減らす方向へと世界の政策が変わることは期待できるかもしれません。

アフターコロナとデジタルチャイナ

コロナ終息後の世界になってみると、結果的に先進国の中で中国が比較的被害が少ないという状況になっているでしょう。それも経済の面で一番被害が少なく、一番早く立ち直るのが中国です。

ある意味で世界の先進国が中国の良いところを取り入れる動きが２０２０年代を通じて起きることが予測されます。デジタルチャイナという考え方ですが、そのひとつの側面として中国政府が行っているＩＴを通じた経済発展と監視社会化が、新しい時代の社会モデルとして優れているという評価があります。

非常に仲のいい中国人の友人と話していたときのことですが、彼は習近平時代になって中国が本当に住みやすくなったと心から喜んでいました。それ以前の中国ではビジネスでも政治でも気を抜けないというか、他人をだましたり出し抜くことが横行していたのですが、習近平時代になるとそれが急速になくなって、周囲の中国人がみないい人になっていったそうです。

　転機になったのは、すべての中国人がＩＴでその信用度をレーティングされるようになって、信用度が下がると損をすることがわかったことでした。それで目先の利益で相手をだますことが損だと気づき、みな法律やルールを守るいい人になっていったというのです。

　これがデジタルチャイナ方式の新監視社会で、みんな監視されていることを前提にいい人として振る舞う結果、社会がいい社会になる。そこに都市部に設置された莫大な数のカメラと、そのビッグデータを処理できるＡＩの出現で、さらに細かく社会をコントロールできるようになった。コロナで話題になったのは、中国では行動歴からＱＲコードが赤黄緑で表示され、コロナリスクの少ない緑の人しか市内を自由に移動できなくなったこと。それくらい監視が進んでいるのです。

　一方でそのコントロール力を武器に、中国はＩＴを武器とした国家の近代化を推し進めています。道路交通はＡＩがコントロールし、ゴビ砂漠に建設された巨大太陽光発電所から超高圧送電線網で電力が上海へと送られる。渋滞が激しい都市では富裕層は一人乗りドローンで空を行き来する。そんなハイテク世界がお隣の国に出現しようとしています。これも発展するデジタルチャイナの別の側面です。

日本でもコロナ自粛が広まった際には、スマホのGPS情報をもとに政府が自粛の進み具合をデータで把握して国民に「さらなる我慢を求める」ことが行われました。

また特措法を受けて、休業要請に従わないパチンコ店の店名をネットで公表した結果、一時はそれでその店に客が増えたのですが、その一方で自粛警察と呼ばれる市民たちが電話攻撃やクレーム攻撃でそのお店を非難して休業に追い込むという場面が見られました。

コロナではドラッグストアの店員に心ない言葉を吐く人が問題になりました。近未来のデジタルチャイナ型社会では、ゴミのポイ捨てや職場でのパワハラ歴、小売店や飲食店でのカスタマーハラスメントなどの非倫理的な行為がすべて監視され、個人のスコアに反映されるようになります。日本では放置されているSNS上での有名人に対する誹謗中傷問題も、2020年代にはデジタルチャイナが解決策になる可能性は高いと思います。

政府のコロナ対策についてはSNSでもさまざまな意見が飛び交っていたのですが、日本政府がそのSNSのコントロールに24億円の「対外ネット広報費」をつぎ込んでいることをワシントン・ポストが報じました。その真偽はともかく、日本も世界各国も中国型の監視社会政策には高い関心を持っているようです。

とにかく自由主義の先進国が社会主義国家よりもコロナでは痛手を受けた。そのことから世界の政治家がより強い権力に関心を持つようになったというのは、アフターコロナ社会の重要な変化です。

世界経済回復のカギを握る中国は何を狙ってくるか？

さてリーマンショックのときは、世界が回復する過程において中国経済が世界の投資を一気に引き受けて、そのことでアメリカも欧州もひいては日本も恩恵を受ける形で金融恐慌からの経済回復を果たすことができました。

今回、われわれにはコントロールできないという理由で警告だけをしておきますと、中国はコロナ後の世界経済回復のカギを自分たちが握っているという立場を、その覇権を強めるために最大限に活用してくると思います。

ひとつ単純な思考実験をしておくと、中国がコロナ後の世界経済を立て直すために投資をするのであれば、先進国の消費が回復することと、途上国の消費が回復することのどちらを重視するかを考えてみると、その力の意味が理解できます。

中国の強みが世界の工場であることを考えると、アメリカやＥＵ、日本の経済が早く回復したほうが、一見、中国経済の成長率も高くなるように思えます。フランス人やアメリカ人や日本人が中国製品をたくさん買えば、確かに中国経済は潤うでしょう。

しかしこの機会に世界の構造を変えてしまうという選択肢も中国にはあります。

極端な別のプランを提示すると、先進国の経済がボロボロの状況に陥って中流層の多くが下流に転落する一方で、新興国や途上国で年収１８０万円レベルの新下流層の人口が十数億人レベルで増加する未来を中国が作ろうと考えたらどうでしょうか。

一帯一路の国々のインフラへ中国が１００兆円規模の追加投資を行うことで、中国から東南アジア、南アジア、アフリカへの物流インフラが整うとともに現地の生活水準が上がる。そのことでそれらの国がより多くの中国製品を購入する未来を意識的に作ることを計画するイメージです。

インドネシア、パキスタン、エチオピアなど新興国や途上国の新下流層が豊かになっても、そこではアメリカも日本もあまり儲けることはできない。しかし安い工業製品を大量に製造する中国は、そこで一番大きな経済恩恵を受けるようになる。一方で先進国の中流層が貧しくなれば、それはそれで中国製品に頼る生活になる。

だとしたら中国はわざわざG7の経済復興に手を貸す必要はなく、むしろ新興国のリーダーとしての基盤を強化する選択を意図的に選ぶ可能性があります。

このことは警告として予言をしておく一方で、私たち日本人にはそれにあらがう選択肢がない問題でもあります。

中国に対抗しながら日本を良い方向に変えるために重要な論点は、日本経済の凋落を防ぐこと。だとしたら残された課題は第2章でお話ししたトヨタ問題の回避です。そしてこのことが、2020年代の日本において私たちが変えることができるシングルビッグイシュー（たったひとつの最大論点）になるのです。

なぜトヨタ問題が2020年代最大の問題なのか？

なぜ日本にとってイチ民間企業であるトヨタの未来が、2020年代の日本の最大の論点になるのか。ここは経済を専門とする読者の間で意見が分かれ、議論が必要なところかもしれません。

日本はエネルギー資源や鉱物資源が乏しい国です。明治開国以降の歴史の中で加工貿易による立国を目指し国家を発展させてきた。ここまでは誰もが知る事実です。

１９８０年代から90年代初頭にかけての日本が強かったのは、グローバルな貿易で外貨を稼げる４つの産業が発展していたからでした。つまり自動車、電機製品、ロボット工作機械、コンピュータです。

そして90年代後半からゼロ年代にかけ、電機メーカーが凋落し、コンピュータ産業はソフトウェアの成長の波に乗ることができずに世界のトップランナーの座から落ちていきます。結果として今、日本を支えているのは自動車産業とロボット工作機械の二本柱になっています。

このような「外貨を稼ぐ企業があるかどうかが成熟国の命運を担う」という考え方は、経済学的には異論がある説ではありません。しかし私のようにミクロ経済を基盤として経済を眺める立場では、この考えは経験論的にそれほどおかしくは見えません。

現実に２０００年代にアメリカ経済が復活したのはＩＴ産業の成長の波に完全に乗ったことと、もともと強かったグローバル金融でその強さを維持したからです。世界の時価総額の上位を占めるＧＡＦＡ、つまりグーグル、アップル、フェイスブック、アマゾンはＩＴの力で世界の富をアメリカへと吸い上げています。

お隣の韓国についても同じ見方ができます。サムスンが存在することで韓国経済は先進国の一角に食い込むことができている。ここは日本がきちんと認識しておくべきところです。

日本最大の企業がトヨタでその時価総額は20兆円超ですが、韓国最大の企業であるサムスンは時価総額30兆円超とすべての日本企業をその規模で上回ります。サムスンは液晶テレビやパネル、そしてスマートフォンで世界的な存在感を示しています。

そしてこのサムスンの台頭は、日本の家電メーカーの失策の裏返しでもある。歴史に「もし」や「たられば」はありえないことはわかっているとはいえ、「もしソニーがソニーショックで転落しなければ」と2000年代の日本経済を振り返ると、私はその気持ちをぬぐうことができません。

批判を覚悟で申し上げれば、今、サムスンが占めているグローバルな地位は、ソニーが占めていてもおかしくはなかった。液晶パネルとスマートフォンで世界一の地位をソニーが築いてさえいれば、今頃、日本経済のツートップが時価総額30兆円のソニーと20兆円のトヨタになっていたかもしれない。

そうだったとしたら、日本経済は今よりもずっと国際的な存在感を保てていたと私は捉えています。

しかし現実には2003年にソニーショックが起き、ソニーは大幅に業績を落とし、一時期は企業崩壊の寸前までいってしまいました。そこから現経営陣の手によるV字回復を成し遂げたとはいえ、今のソニーはエレクトロニクスの世界での「強い部品メーカー」としての地位を保っているにすぎません。

今のソニーの時価総額8・5兆円というポジションは、よく持ち直したとはいえ、20世紀の日本をひっぱってきたあこがれの企業としての地位ではもはやないのです。

そしてその意味で、2020年の日本にとって最大の社会問題はトヨタだということになります。もしトヨタショックが起きたら、日本経済はさらなる打撃を受けることになる。

それを避けるためには、トヨタが「予測される衰退の未来」を打ち破ることがとても大切な条件なのです。

このままいくとトヨタはどうなるのか？

第2章で「このままいくとトヨタは衰退する」と私は予測しました。この章では衰退するトヨタの未来の姿をもう少し正確に描写しておきたいと思います。先に結論を申し上げると、私は別にトヨタが倒産するとは考えていません。むしろ他の自動車メーカーが経営危機に陥る中で、トヨタはそれらの企業を吸収し救済する形で危機に立ち向かっていくでしょう。

その先には、ソニー、東芝、日立のテレビ事業が統合されたジャパンディスプレイや、三菱、日立、NECの半導体事業が統合されたルネサスエレクトロニクスのように、ノアの箱舟のごとく自動車各社の従業員を乗せて避難と苦難の航海に乗り出す巨大企業の未来像が見えるのです。

さらにいえば、トヨタの最大の優位性であるカイゼンの力を考えると、トヨタの未来は台湾の鴻海精密工業のような巨大な製造専門集団になるのではないでしょうか。

鴻海がシャープを傘下におさめ再生したように、衰退する他の自動車メーカーの生産能力をつぎつぎと吸収しながらトヨタイズムを叩き込むことで、世界で最もローコストで高品質な自動車製造工場としてグローバルにその規模を増大させていくような近未来のトヨタの姿です。

世界のスマホを鴻海グループのフォックスコンがどこよりも安く高品質で製造できるの

と同じような市場地位に、2030年のグローバル自動車産業の中でトヨタが到達することになる未来。車がAIによって運転され、ネットワークにつながる社会インフラとなり、所有からシェアに形態が移り、部品点数が少ない電気自動車へと完全移行したとしても、その生産の請負ではトヨタがグローバルトップ企業の座を維持する。そのような未来が一番想像しやすいと思います。

しかし残念なことに、電機業界では鴻海グループの中核企業である鴻海精密工業ですら時価総額は4兆円に過ぎません。あくまでこの分野でグローバルな富を集めるのは時価総額130兆円企業のアップルであり30兆円企業のサムスンです。

そのアナロジー（類似性）からイメージしても、カイゼンを強みに製造部門で生き残るトヨタの未来像は今よりも時価総額を大きく落とした存在となるでしょうし、自動車産業の未来の利益は米国のグーグル、テスラや中国のバイドゥ、アリババといったAI企業へと吸い上げられてしまうでしょう。

トヨタの幹部はトヨタ危機のアジェンダが自動運転とEV化だと勘違いしているのではないかと私は思います。IT企業に先行されても圧倒的なスピードで性能面、コスト面も含め、追いつき、追い越せると錯覚している。だから第2章で予測した「トヨタが衰退する未来」が起きるのです。問題の本質は、アメリカや中国に比べて日本企業のデジタルトランスフォーメーションが絶望的に遅れているということです。

豊田章男という存在が意味すること

このような悲観的な未来が予測される一方で、トヨタには圧倒的に違う未来を切り開くことができる3つのポテンシャルがあります。ただそれらはかなり強烈な劇薬です。そしてそれはおそらく日産を立て直したカルロス・ゴーン元会長のような剛腕経営者でも成し遂げられない企業変革の道筋です。しかしトヨタのトップに創業家の豊田章男社長が就いているということは、「2020年の今だったらそれができないことはない」ということを意味します。その話を展開してみたいと思います。

第2章で詳しく述べたように自動車業界は今、CASEという4つの方向へと変革を始めています。このCASEはIT企業と親和性がある変化で、グーグル、アリババ、バイドゥなどのグローバル企業が各社とも2兆円規模のAI研究開発資金を投下して熾烈な開発競争を行っています。

トヨタは年間の研究開発費が1兆1000億円ですが、その大半は新車の開発に回さざるをえない。直近のトヨタのCASEへの投資は年間4000億円規模で、豊田章男社長はこれをなんとか5000億円に持っていきたいという考えを表明しています。それでも厳しい競争環境の中で、トヨタは過少投資による相対的劣位というポジションに甘んじている。ここが第2章で述べたトヨタ問題の出発点です。

普通のカリスマCEOではこの状況は乗り越えるのが難しくても、創業家出身のカリスマ経営者には「ここからできること」が3つある。ここから先の話は劇薬です。たぶんトヨタの中でも豊田社長以外には理解はできても共感はできない話でしょう。

創業家にしか使えないトヨタのひとつめのポテンシャルは「利益を手放すこと」です。具体的な話をしたほうが理解は早いかもしれません。ある日、豊田章男社長が宣言をすればいいのです。

「2030年までの10年間、トヨタは営業利益をゼロに抑えることを宣言します」

と。

トヨタという企業は年間2兆4000億円の営業利益を生み出すキャッシュマシーンです。2021年度の決算はコロナの影響で大幅な減益が予想されますが、世界が正常に戻ればトヨタにはその実力があります。その利益を内部留保や株主への配当金として使っている。しかしなぜお金を内部に貯めこむのか？　なぜ株主に還元するのか？　それは違うのではないでしょうか。今、トヨタが危機なら、お金を使う必要があるなら今使うべきです。

事業計画上、トヨタの営業利益をゼロに設定すれば、年間の研究開発費を３・５兆円に引き上げることができます。このことは未来自動車の開発としてはＧＡＦＡを上回る規模のマネーゲームに業界全体を引き込むことを意味します。

グローバル競争の中でこのような形でゲームチェンジを宣言する能力がトヨタにはある。これがトヨタの最初のポテンシャルです。

しかし現状では豊田章男社長はこの宣言を行うことができない。理由はトヨタに３・５兆円のお金を10年間使い続ける戦略がないからです。累計35兆円の資金投資のビジョンがない。ここがひとつめのハードルだと考えてください。

「巨大IT企業との対等合併」というウルトラC

つぎに、ふたつめのポテンシャルの話です。それは「創業家ならトヨタの名を捨てることができる」という話です。

実はトヨタは世界のどの企業とも対等合併できるポテンシャルを持っています。

「そんなことを言ってもグーグルやアマゾンの時価総額はトヨタの５倍だよ。対等合併できるわけがない。そんな簡単なこともわからないのか？」

と経済に詳しい方はおっしゃるかもしれません。

トヨタの時価総額が小さいのは、トヨタの未来が低く評価されているからです。この原稿を書いている時点でのトヨタ株のＰＥＲは８・０倍。わかりやすい用語でお話しすればトヨタの企業価値（時価総額）はトヨタが稼ぐ利益の８年分だとしか株式市場は評価していないのです。「トヨタは10年以内に衰退する企業だ」と株式市場が考えているから株価が低い。ここにトヨタのポテンシャルを考える本質があります。

もしひとつめのポテンシャルとして「年間３・５兆円、10年間で35兆円の研究開発投資を行う」とトヨタが宣言する際に、その投資による未来ビジョンをトヨタが示せたとしたらどうなるでしょうか。

市場関係者に対するトヨタの見方が即座に変わります。今、株式市場ではグーグルのＰ

ERは26倍、アマゾンは103倍です。株式市場は未来への期待感で動きます。ビル・ゲイツが巨万の富を築く過程では、これから発売するまだ完成していない製品の話をするだけで株価が動いたほどです。

トヨタが未来を語るようになり、GAFAのような未来評価を受けることで株価が今の4倍になれば、トヨタは世界最大級の時価総額を持つグーグルともアマゾンとも対等合併ができることになる。これがトヨタのふたつめのポテンシャルです。

ちなみに細かい話ですが、実際の実行手順はこの逆になります。トヨタが仮にグーグル経営陣と合併を合意したとしたら、実際のスキームとしてはある日、株式市場に対してグーグルをレバレッジドバイアウト方式による株式の公開買い付け(TOB)によって子会社化すると宣言するようなことから事態が動きます。同時にトヨタは合併後の事業計画を詳細に公表するとともに、「これからの10年間の営業利益をゼロに設定した」と宣言するのです。

それによってトヨタの株価が高騰すれば買収は成立するでしょう。大物食いのように始まった公開買い付けによる子会社化が、結果的に上昇した株価によって経済合理的なトレードに落ち着くという金融マジックが起きます。

そして最終的に株主としての力を通じてグーグルとトヨタがひとつの会社に対等合併するように仕組んでいきます。その段階で豊田家の名前は企業名から消えていくことになる。それが許されるのは創業家経営者だけだという話なのです。

さて、あくまでグーグルは説明の中でのひとつの仮想的な合併相手にすぎません。実際この章の後半で私が挙げる理想の対等合併候補は別の企業です。しかしここで考えておくべきことは「なぜトヨタが巨大ＩＴ企業と合併するという考え方が合理的なのか？」という点です。

そこに3つめのポテンシャルが関係してきます。トヨタにはメカトロニクスの分野での人材の強みが存在しているのです。

メカニクスを巨大ＩＴ企業が必要とする時代がやってくる

トヨタの3つめのポテンシャルとはメカトロニクス分野の人材の厚みです。この話を始めるにはふたつの違う話をしなければなりません。

ひとつめの話は、なぜ日本のエレクトロニクス業界が凋落したのかという話です。日本の電機産業は1990年代後半から始まったインターネット化の流れに乗れず、世界的な地位を凋落させました。

難しくいえば背景としてそれまで重要だった電気回路の設計技術が陳腐化するとともに、部品のモジュール化による電機業界全体での業界の水平分業化が起きたことが凋落の理由として挙げられます。簡単にいえば誰でもエレクトロニクスのハードウェアが開発できる時代になったので、中国や東南アジア製の家電の品質が上がったのです。

一方で、この競争ゲームのルールチェンジの影響を受けなかったのがロボット工作機械業界と自動車業界です。メカニクスつまり機械工学の世界ではエレクトロニクスとは異なり、あいかわらず機械の設計技術が唯一無二の重要な技術であり続け、日本製の機械を上回る性能の機械製品はアジアの国からは生まれてこなかった。ここに業界の命運が分かれた背景があります。

このメカニクスと、そこにＩＴやＡＩが加わるメカトロニクスの分野は、実はＧＡＦＡやバイドゥ、アリババ、テンセント、ファーウェイといった中国のＩＴ大手が本質的に苦手としている領域です。そして同時に自動車産業の未来図においてはとても重要な意味を持つコア技術になります。

ここでふたつめの話になります。第2章でCASEに進化した未来の自動車産業は、JR東日本が鉄道で行っているのと同じ都市圏の道路交通インフラを制御する産業へと変貌すると言いました。鉄道事業を考えればわかる通り、秒単位で運行する世界一進んだ日本の鉄道システムはコンピュータネットワークだけでは成立しえません。

実際に運行に関わる列車という機械の技術、路線を作り維持する土木や建設の技術、そういったリアルなモノづくり——GAFAやデジタルチャイナのBATH（バイドゥ、アリババ、テンセント、ファーウェイ）といった巨大IT企業が持っていないこれらの技術領域の人材が、これからIT企業がインフラ事業に進出する際には不可欠になってきます。

つまりトヨタの保有するエンジニア人材は、巨大IT企業が自動車産業で成功するために実はのどから手が出るほど欲しい人材だということです。それを企業が凋落しかけた後で、早期退職の形で各社に供給するのか、それともまだ勢いのある段階で対等合併の形でGAFAに選ばせるのか？　この手順を誤らなければ、トヨタにとってはCASEへの進出でその持てる人材が最大の武器となる。これがトヨタの3つめのポテンシャルなのです。

時価総額200兆円の社会インフラ企業という新次元の可能性

10年後、2030年の世界の自動車産業はCASEをキーワードに業態のメタモルフォーゼ（形態変貌）を引き起こしていることでしょう。C＝コネクテッド（すべての自動車がネットワークにつながること）、A＝自動運転、S＝シェア（自動車の共有）、E＝電気自動車化の4つの動きの結果として、自動車産業は自動車を開発し製造して売るビジネスから、社会のインフラビジネスへと変貌します。

そしてその変化の果実を自動車メーカーではなくGAFAやBATHが手にする可能性が高い。ここがトヨタの未来にとっての最大のリスクです。

2030年代にCASEが完成するとすれば、自動車産業はAIによって高度に制御された交通インフラへと進化します。道路を走る無数の車を個人も企業もシェアすることができる。どのメーカーが作った誰の自動車かは関係なくなります。鉄道インフラと同じように、道路を走る無数の自動車の過半は公共交通機関として誰もが使うことができる時代になるのです。

同時に、そのインフラを制御することで人の動きも物流も社会全体で最適化がなされます。物の流れはＩｏＴで、人の動きはＳＮＳやカレンダーでと、アプリやツールは異なるかもしれませんが、世の中のモノの動きや人の移動に関連する「時間の生産性」が社会全体で格段に最適化される。

ＳＦ的にその未来を描けば、たとえば私が道を歩いていると目の前に突然乗用車が停まる。乗り込んでみたら中にはクライアントの専務が座っていて、

「わるいな。急に相談したいことができてしまってね」

とイレギュラーなアドバイスを求めてくる。そのような出来事が私にとっての新しい日常になるかもしれません。

これはトヨタの視点でわかりやすく描写すればＪＲ東日本の運行ネットワークが道路交通網の世界に進出したのと同じ変化であり、ヤマト運輸が個社で構築してきた最適な物流システムが社会インフラ化するのと同じであり、ＩＢＭが企業に提供するロジスティクスのシステムがクラウド化することであり、個人のカレンダーやＳＮＳ、企業のロジスティクス計画やシステムが都市交通インフラと連動する未来です。

そのビジネスの果実を自動車メーカーではなく異業種であるＩＴ企業が奪おうとしてい

る。これがトヨタにとっての避けたい未来の片方の側面です。

同時に2030年のCASEの未来は、自動車産業をもうひとつ別の進化の方向へと変えていきます。それが電気自動車を中心に形成される新しい電力網・スマートグリッドです。都市部の一般家庭や法人の駐車場に停められている1台1台の電気自動車ないしはハイブリッドカーが都市全体ではひとつの巨大な蓄電池装置となる。そして太陽光や風力で発電されたクリーンエネルギーがそれらの自動車に蓄えられつつ、自動車の推進力としてだけではなく家庭や事業所の電力としても使われるようになる。

前述したように、中国ではこの未来に向けて国内の送電網を超高圧送電線網に変えることで、ゴビ砂漠やタクラマカン砂漠で発電した太陽光の電力を沿海部の上海まで送電してもなお損失が少ないという次世代のスマートグリッドを目指した取り組みまで行っています。

このように2030年の自動車産業は、巨大エネルギー産業の有力な一角となるポテンシャルまである。その電力事業の果実もおそらくはトヨタが手にすることができないだろうというのが今日時点での私の未来予測であり、第2章で述べたトヨタが衰退する背景要因でした。

トヨタが衰退を回避して、２０３０年に世界最大の企業へと発展するための道筋は、このふたつの方向性にあります。どちらの道の先にも時価総額２００兆円企業という新次元の可能性がある。トヨタは社会インフラ企業へと成長できるポテンシャルがある。しかし自動車産業に閉じた強みの殻をやぶることができない。せいぜい車の中で広告ビジネスやコンテンツビジネスを手掛けるぐらいの発想でしか動けていない。単独企業としての限界が、豊田章男社長のあせりからは見え隠れしています。

だからこそ、変革に至る最も確実な経営判断は、巨大ＩＴ企業との対等合併を通じたビジネスドメインの一大シフトだというのが、トヨタの目の前にある「劇薬アンプル」の中身なのです。

予言とは違う「わくわくする未来」

すべてはトヨタが仕掛ける必要があります。グーグル、アマゾン、フェイスブック、アリババ、バイドゥ、テンセント、ファーウェイといった顔触れがトヨタが対等合併を仕掛ける相手企業だとしたら、「待っていたら向こうから都合のいい話がやってきた」などというラッキーな未来は起こりえません。

逆にそこに足を踏み込まなければ、トヨタはいつまでも自分より小ぶりなＩＴベンチャーたちに数百億円の規模でマイナー出資を続ける「名古屋の大旦那」の立場から抜け出すことはできません。

ウーバーやテスラ、中国のＩＴベンチャーなど、トヨタのお金を欲しい企業は世界に山ほど存在しますが、彼らから得られる見返りは、果実を手にした彼らの株価が上がることによるキャピタルゲイン以上のものにはなりません。

トヨタは世界を支配する存在へと自らの意思で変わるべきなのです。

さて２０３０年に新しい巨大多国籍企業が誕生しているとしたら、それはトヨタにとって、ないしは日本にとってどの座組が理想的でしょうか。

これはあくまで主観的な判断になるので、最適解は出ない問題だとは思います。潜在能力的にはウェイモで自動運転事業の最先端を走るグーグルがトヨタと合併するのが、未来の事業イメージが一番わきやすいかもしれません。

一方で、企業文化の相性を考えたらアマゾンとトヨタも面白い。とにかくカイゼンにカイゼンを突き詰めていくという同じ社風の会社であると同時に、アマゾンは物流ネットワークを世界中で構築するミッションをかかえた企業だからです。ウーバーはちょっとやめておいたほうがいいでしょう。人材が良くないし、ライドシェアから次の発展を起こす未来があまり想像できません。

ただ私が一番トヨタにやってほしいのは中国の巨大ＩＴ企業との対等合併です。アリババトヨタないしはバイドゥトヨタの実現です。

中国というとその政治体制から嫌悪感を示す日本人が多いことは知っています。一方で中国の最先端企業がいま手掛けている未来投資はおそるべきものがある。中国企業の本当にデキるビジネスマンの能力はアメリカのビジネスエリートよりも高い。そして２０３０年の中国は、おそらく世界を牽引する先端国家デジタルチャイナへと進化しているはずです。

また企業というものはあくまで国家とは独立して存在しうるものです。欧米で発達した多国籍企業という概念は、その大きさから国家を上回る影響力を持った化け物のように捉えられる存在でもあります。中国の資本と一緒になるからといって企業が国家に支配されるわけではないのです。

現実問題としては、中国政府がアリババやバイドゥの日本企業との合併を許すかどうかという問題は立ちはだかると思います。ここを突破するには、トヨタが中国政府にどのようなメリットを提示できるかです。

わかりやすいメリットとしては、トヨタが中国陣営に加わることで中国経済の発展が加速することが示せれば、この課題は突破できると思います。たとえば中国の地方都市経済を自動車インフラで発展させることがわかれば、中国政府がトヨタを拒む理由はなくなります。

一方で、進化する中国社会からトヨタが得られるメリットは膨大です。自動車を社会インフラに進化させるために、中国政府が民間企業に付与している権限やビッグデータの情報量は、日本の自治体で行われている実験レベルとは次元が違います。

日本ではトヨタはソフトバンクとの提携企業であるモネを通じて、地方自治体における自動車の社会インフラ化の実験を行っています。これは極めて日本にとって重要な取り組みなのですが、中国ではそれと同じことを都市レベルで国家の情報支援のもとで圧倒的な先端性の下で行うことができる。

もしトヨタが企業として飛躍したいと考えた場合、今の中国の社会実験環境はアメリカよりも魅力的です。２０２０年代の経済フロンティアとしてはデジタルチャイナのほうがアメリカよりも広大なのです。

さらにいえば、多国籍企業を日指すのであれば日米や日中という座組にこだわる必要はありません。日米中という政治では組むことができない座組を実現することもできます。

その視点でいえば、アリババ×トヨタ×グーグルという座組は最強かもしれません。日本とアメリカと中国にそれぞれ本社を構える多国籍企業が誕生する未来がくるとしたら、それは日本社会と日本経済が新しい次元へと変わるきっかけとして、このままやってくる未来とは違う「わくわくする別の未来だ」と言えないでしょうか。

高齢化社会の衰退の流れを止めるには？

さてＣＡＳＥが解決策になるという話の延長で、日本の人口問題についても、高齢化社会日本が崩壊しないシナリオの話をしましょう。２０２０年代の社会変化を通じてひとつ、それが起きれば日本をプラスに変えることができるというシナリオが提示できます。

それが地方中核都市のコンパクトシティ化です。

一番良いシナリオとしては地方の都道府県の中からいくつか、自治体の長の改革によって高齢者にとっても住みやすい都市が日本の何か所かに出現し、そこに競争原理が働くことで県内や隣接県からの人口が自然に集まり、人口50万人程度で住むには快適なコンパクトシティが成立するというシナリオです。

２０２０年の時点での架空の地方中核都市T市をイメージしてみましょう。

T市は昭和の時代までは新幹線が停車するターミナル駅を中心に、百貨店や商店街が繁栄し、近郊には大手メーカーの工場がいくつも存在し、県の中の第二の都市として繁栄していました。

それが平成の時代を通じ工場は減り、百貨店は閉店し、商店街は廃《すた》れ、人口は40万人を割るところまで減少しました。車で30分離れたイオンモールに50代以下の若い世代が買い物に行く一方で、市内には空き家が目立ち、バス会社が儲からないため路線や本数が減り、80代以上の高齢者は買い物難民になる。そのような悪循環でT市は衰退に向かっています。

しかしT市のような環境は実はコンパクトシティ化に成功すれば、２０３０年の日本では一番求められる魅力的な場所になる可能性がある。それはこういうことです。

今、東京のような大都市に人口が集中するのはそれが便利だし文化の中心として楽しいからです。しかしそれはせいぜい60代までの話で、高齢者にとっては混雑する大都市東京は必ずしも住みやすくはない。

一方でT市のような地方中核都市はインフラはしっかりしているので、交通環境さえ整えば高齢者にとって住みやすい街を作ることができる。

そのカギとなるのはカーシェアです。

地方のバス会社がどこも経営が苦しいのは、需要が少ないうえにバスには運転手という人件費が固定費としてかかるからです。２０２０年代に完全自動運転が実用化されればその前提が変わります。

自治体ないしはバス会社が先行投資をして、地域を巡る小型のコミュニティバスやハイエースぐらいの大きさのコミュニティバンを無数に走らせている地方中核都市をイメージしてください。これはトヨタとソフトバンクの合弁企業であるモネが日本中で実験を始めているものです。

高齢者が自宅を出て歩き始めると、ＧＰＳがそれを感知して自動的に小型バスを配車して目の前に止まってくれる。それでスーパーにも駅にも公民館にも病院にもショッピングモールにも行くことができる。T市にそのような便利なコンパクトコミュニティバス網が張り巡らされたとしたらどうでしょう。

２０３０年のT市に出現が予測されるのは大量の空き家です。これも法整備を行ったうえで市が買い上げたり修繕したりといった工夫は必要ですが、空き家の数だけ潜在的に周辺人口を受け入れる余地があるのは事実です。

空き家が増える理由は交通の便のいい場所にできるマンションに高齢世帯が移るからで、かつ交通の便が悪い場所に住んでも大丈夫だという若者の数が減っているからです。空き家の交通の便が良くなればこの前提は変わります。

重要なことは中核都市がコンパクトシティ化して便利になったとしたら、その地方出身の東京人は地元にUターンして70代以降の人生をそこで過ごす可能性があるということです。

そうなれば地方都市に人口集積ができます。東京からだけではなく、県内からもそこに人が集まる。人が集まるから飲食店も小売店も増える。そして東京から帰ってきても一定数の同郷の知人がその都市に住んでいることになる。そういった集積ができると、経済学でいうネットワークの外部経済性が効きはじめて、地方都市が繁栄するほうに転じます。

ポイントは２０３０年にそのような繁栄をするコンパクトシティはすべての自治体では

ないということです。先行してコンパクトシティとして成功した中核都市に人口集積が起きて、周辺の市の人口を吸収していく現象が起きる。同じ県の中に繁栄する市と衰退する市が出てくることになります。

しかしこれは仕方がないというか、そのような自治体間の競争が起きたほうがいいのです。令和の時代の人口移動が起きて、高齢者の集積が自然に生まれることで結果的に住みやすい地方都市が生まれると同時に、公的投資もその場所に集中できるようになる。

地方の負のサイクルの一部に、プラスのサイクルが生まれるようになるのです。

日本全体がではなく、先行した一部の中核都市がその地方の高齢人口の大半を吸収していく。そのような未来像も、私たちが描くことができ、変えることができる未来なのです。

2030年のセーフティーネット

最後に、日本の中でこれから増加していく弱者を行政はどうしていけばいいのか、考えてみましょう。

日本社会のセーフティーネットの二本柱である年金と医療保険は2030年には実質的

に制度崩壊することが見えています。

年金については第5章で述べたように75歳未満の高齢者にはセーフティーネットとして機能せず、75歳以降も十分な額の支給は期待できなくなります。では医療制度はどうなるのでしょうか。

財源が限られる中で国民皆保険の制度を維持するためには、高齢者が支払う医療費を引き上げるしかありません。現在は本人が1割負担している医療費の自己負担割合を増やすのです。

ただそこには大きな難題があります。後期高齢者の大半が年金で生活をする低所得者だということとです。富裕層の高齢者だけ負担額を引き上げても財源の解決にはならないのです。トータルの財源が枯渇する中で行政がとれる選択肢は再配分の基準をどう変更するかという視点に尽きます。医療保険の場合、一律に負担額を2割に引き上げるといった対策以外に、セーフティーネットとしては別の考え方も成り立ちます。

別の配分案の有力候補は、高額医療の負担額を1割の低いままで維持し、それ以外の負担額を一律3割に引き上げるような案です。

この際に考えるべき視点は「財源がない未来社会で国民にとって何が不安になるのか」と

いう点です。国民皆保険ではないアメリカ社会で起きている社会不安要因は、突然家族がとてつもない治療費がかかる病気にかかっていることが判明して貧困に転落することです。

家族ががんにかかる、ないしは糖尿病になる、歩行が困難になるといった事態に対するセーフティーネットがそもそもの日本の医療保険の存在意義です。もしそういった病気や障害をかかえてしまったときに医療が受けられるかどうかが、その国の保険制度の良し悪しを決めると私は思います。

そして２０３０年代に高齢者になる自分の立場で未来に対する選択肢があるのであれば、風邪や腹痛、頭痛など比較的日常的な病気の治療費が今よりもかなり上がったとしても、もし治療に数百万円がかかるほどの大きな病気が判明した場合に心配せずに病院に行ける未来のほうがよいと思うのです。

おそらく日本がゆっくりと衰退する未来においては、社会保障のような公的な再配分は国民の期待を裏切らざるをえないものになっていくでしょう。その中で少しでも良い未来を招くために、配分の方針について政治家には決断していただきたいものです。

その一方で結局のところ、これからの10年で国は国民を守れなくなるということは覚悟すべきでしょう。本書の予測のかなりの部分は当たるはずです。国全体が壊れれば国はあてにはできなくなります。

つまり、これからの10年についての予測を読んだうえで読者が個人としてできることは自衛です。具体的には日本が壊れる西暦2030年までに私たちは自分で自分を守るセーフティーネットを用意することが必要になるはずです。

金融庁の有識者会議がうっかり「老後には2000万円が必要だ」というレポートをあげて、その受け取りを金融担当大臣に拒否されるという出来事がありました。あれは政府にとっては不都合でも、日本の未来の現実です。

これからやってくる2020年代は多くの日本人にとって厳しいものになる。その変化は徐々にやってきます。逆に言えば備える時間はあるということも事実です。

そのようなゆっくりとした衰退の中で、どうすれば10年間である程度の老後の蓄えを確保できるのか、今ほど真剣に考えなければいけないタイミングはないのだと考えるべきなのです。

おわりに

２０２０年代は一億総情報弱者の時代になるでしょう。世界に溢れる情報量が人間では処理できない規模に膨れ上がっていくからです。

私がプロフェッショナルな戦略コンサルタントとして未来予測を始めた30年前の時代は、四大メディアと呼ばれるテレビ、ラジオ、新聞、雑誌と、紙で出版される書籍や論文が世界中の人々の主だった情報源でした。

この時代、情報は人間が処理できるよりも少ない量しか流通していませんでした。大半の人は同じような情報だけを手に毎日を過ごし、ごく一部の努力家が大変な苦労をしながら世の中に流通していない情報を探求する。そんな時代でした。

インターネットの時代がやってくると、この状況が変わりました。

ゼロ年代、そして２０１０年代には情報感度が問題になりました。情報感度のいい人はネット情報を駆使していち早く情報を手にする。そうした人がオピニオンリーダーとして注目を集める時代でした。一方でテレビで遅れて情報を目にする人たちは、本質が見抜けない情報弱者と呼ばれたものです。

しかしそのような状況もまだ時代の変化の通過点にすぎません。

世界の情報量は指数関数的に増加しています。２０２０年代には世界中のモノがインターネットにつながると同時に、これまで処理できなかった規模のビッグデータが活用できる時代が到来します。その結果、人間が処理できないほどのものすごい量の情報が世界中を行き来し、それが機械によって処理される時代になるでしょう。

情報がさらに溢れてくることでマスメディアも、平成の時代の情報強者たちも、世界の情報をきちんと処理できなくなります。流通する情報は限られた一部の情報であり、全体を見通す情報がどんどん手に入らないようになっていきます。

そうなると世界で一番賢い者でも部分的な情報で物事を判断しながら毎日を過ごす時代になります。すべての人が限られた情報をもとに行動するようになる。政治世界のリーダーも企業のトップも、部分的な情報しかわからないで重要な判断を下すようになる。一億総情報弱者、ないしは世界の70億人が総情報弱者の時代がやってくるのです。

その転換点にある今日、２０２０年は、未来予測を確信をもって行うことができる最後の時代になるかもしれません。

現代の未来予測の本質は情報の取捨選択です。本書で取り上げた人口問題、経済の問題、気候問題、社会の問題は、どの問題を取り上げても情報が洪水のように集まってくるテーマです。情報を集めれば集めるほど、分析チャートは文字で埋まり、溢れた情報からは何を読み取ってよいのかがわからない混乱が生まれます。

その中で重要度の高い情報に着目し情報を選別する、ないしはその他多くの大量の情報を重要度としては些末であると判断して切り捨てる。そのような人間の技術によって未来予測が成立しています。

今は私のようなプロが人間の判断で未来を予測できる最後の時代です。しかしこれから先、判断材料となる情報がさらに幾何級数的に増加して、人間に処理できない規模になる。そうなると未来予測はＡＩにその手をゆだねなければならなくなるでしょう。

現実にネットの世界での経営判断はそうなりつつあります。物事の因果関係が解明できなくなり相関関係でビジネスをカイゼンさせるしかなくなる。ネットビジネスの世界ではデータを分析しながらも理由はわからないまま「クリック数を上げるためにこの数字を上げよう」といったことを決めて行動する毎日です。

本書が予測する最終年である２０３０年までには、私たちの毎日は「日常がそのすべて」

という時代に退化するでしょう。朝起きて職場や大学、学校に出かけ、そこで昼間を過ごし、夜は仲間と時間を過ごして家に帰る。それが人生のすべてという時代に戻ります。

スマートスピーカーからはお気に入りのジャンルの居心地のいい音楽が毎日流れ、大画面テレビからは自分が観たい放送コンテンツがダウンロードされます。スマホに表示されるおすすめの商品をネットショッピングすると毎日が楽しい。SNSを通じて顔は知らないけど好きな人からのツイートを見て笑ったり楽しんだり、いいね！をしたりリツイートをしたり。それで1日が過ぎていきます。

なぜ自分がその生活を送っているのか。他の選択肢はなかったのか。その生活から抜け出すためにはどうしたらいいのか。そういった情報を探すことが非常に難しい時代がやってきます。

その裏にはビッグデータとか人工知能とか2020年代を変えてしまう要因が存在しているのですが、それらの存在によって情報がコントロールされ、気づかないうちに居心地が良く、かといってそこから抜け出すための情報を得ることが難しい時代になるのです。

そうなる前に、つまるところまだ日本がなぜ壊れていくのかを人間が分析できる時代のうちに、人間ができる未来予測レポートを手に時代を変える努力をする。その最後の時代に本書が少しでもこの国の役に立てれば、著者にとってはこれほど嬉しいことはありません。

本書は私がこれまでさまざまな場面で行ってきた、主に経済に関係する未来予測の分析結果を一冊の本にまとめたものです。広く読者の方にお読みいただけるように、結論とその結論に至る重要な要因のみを取捨選択してレポートにしました。そのため各分野の専門の方からは「なぜあの情報を取り上げていないのか」といったお叱りがでてくるものと思います。取り上げていない情報は私が取捨した結果です。あくまで人間の予測であり、そう判断した責任はすべて著者の私にあります。

本書のコンテンツの多くは、それぞれの細部ではこれまで私が外部での講演やメディアで記事として発表したものと内容が一致しています。特に気候に関わる第3章と、アマゾンエフェクトに関わる第4章は、外部に発表した記事が多い分野でもあります。

それぞれ記事にした段階でかなり力を入れて情報の取捨選択を済ませていたこともあり、本書ではそれらの原稿を下敷きに大幅な加筆をする形で完成した箇所がいくつかあります。元になった記事を掲載していただいたダイヤモンドオンライン、東洋経済オンライン、ビジネスジャーナル、現代ビジネス、プレジデントオンラインの各オンラインメディアに対してこの場を借りてあらためて感謝を申し上げます。またアマゾンに関してはＩＢＡカンパニーの射場瞬氏から最新の情報をご提供いただきました。心よりお礼を申し上げます。

そしてＰＨＰ研究所の中村康教氏、『ＴＨＥ21』編集長の三輪奈央氏には時間をかけて、本書の完成まで伴走していただきました。お二方に未来という不確実なテーマに関心を持っていただき議論におつきあいいただけたことで、本来は難しい専門的な内容をわかりやすい書籍コンテンツへと作り変えていく作業を終えることができました。

本書をお読みになった皆様にはご理解いただけたように、２０２０年代の日本を壊す要因はほぼほぼ特定できています。このレポートを受け、日本人はこれからの２０２０年代をどう生き残り、どのように幸せな未来に変えていくべきなのか。これからは行動が求められるフェーズだと私は認識しています。

２０２０年４月

鈴木貴博

PHP
Business Shinsho

鈴木貴博(すずき・たかひろ)
経営戦略コンサルタント。東京大学工学部卒。ボストンコンサルティンググループ等を経て2003年に独立。数々の大企業の戦略立案プロジェクトに従事。
近年は、未来予測とイノベーション戦略の専門家として、ダイヤモンドオンライン、プレジデントオンライン、東洋経済オンライン、現代ビジネスなどに連載を持ち、月間100万PVを超える注目を集めている。「未来は予測でき、同時に変えることができる」が信条。
主な著書に、『仕事消滅』『格差と階級の未来』(ともに講談社+α新書)、『カーライル』(ダイヤモンド社)、『戦略思考トレーニング』(日経文庫)、『「AI失業」前夜——これから5年、職場で起きること』(PHPビジネス新書)などがある。

PHPビジネス新書 416

日本経済 予言の書
2020年代、不安な未来の読み解き方

2020年7月2日 第1版第1刷発行
2021年4月20日 第1版第5刷発行

著者 鈴木貴博
発行者 後藤淳一
発行所 株式会社PHP研究所
東京本部 〒135-8137 江東区豊洲5-6-52
第二制作部 ☎03-3520-9619(編集)
普及部 ☎03-3520-9630(販売)
京都本部 〒601-8411 京都市南区西九条北ノ内町11
PHP INTERFACE https://www.php.co.jp/
装幀 齋藤稔(株式会社ジーラム)
組版 有限会社エヴリ・シンク
印刷所 株式会社光邦
製本所 東京美術紙工協業組合

 ISBN978-4-569-84708-5

「PHPビジネス新書」発刊にあたって

わからないことがあったら「インターネット」で何でも一発で調べられる時代。本という形でビジネスの知識を提供することに何の意味があるのか……その一つの答えとして「**血の通った実務書**」というコンセプトを提案させていただくのが本シリーズです。

経営知識やスキルといった、誰が語っても同じに思えるものでも、ビジネス界の第一線で活躍する人の語る言葉には、独特の迫力があります。そんな、「**現場を知る人が本音で語る**」知識を、ビジネスのあらゆる分野においてご提供していきたいと思っております。

本シリーズのシンボルマークは、理屈よりも実用性を重んじた古代ローマ人のイメージです。彼らが残した知識のように、本書の内容が永きにわたって皆様のビジネスのお役に立ち続けることを願っております。

二〇〇六年四月

ＰＨＰ研究所